Diogenes Taschenbuch 23107

Die Anfangsseite der *Querela Pacis* ist in der Erstausgabe von 1517 mit Holzschnitten nach Entwürfen von Hans Holbein d. J. geschmückt. (Unten sieht man in der Rahmenfiguration das Druckersignet von Johannes Froben: einen Vogelstab mit zwei Schlangen.)

Erasmus von Rotterdam

Die Klage
des Friedens

Aus dem Lateinischen übersetzt,
herausgegeben und mit
einem Vorwort
von Brigitte Hannemann

Diogenes

Originaltitel: ›Querela Pacis‹
Die Übertragung aus dem Lateinischen
erfolgte auf der Grundlage der
Gesammelten Werke von Erasmus von Rotterdam,
die 1703 bis 1706
unter dem Titel *Opera omnia*
in Leiden erschienen
Umschlagillustration: Hans Memling,
›Engel mit Olivenzweig‹,
ca. 1479–1480

Inhalt

Historische Einleitung

»O glückliches Deutschland,
wenn endlich die Kriege aufhörten!« [1]

Erasmus Roterodamus
Antwerpen, den 10. März 1517

Als Erasmus solches ausrief, befand er sich in einer unge-
wöhnlich optimistischen Stimmung. Er hielt die Etablie-
rung des Friedens in Europa für greifbar nahe. In Cambrai
sollte ein internationaler Friedenskongreß stattfinden; es
sollten Bande für einen dauerhaften Frieden geknüpft werden.

Erasmus war der gesuchte Mann, dazu die passende Rede
zu liefern. Den Auftrag erhielt er vom Kanzler Jean Le Sauvage im Namen des jungen Burgunder-Herzogs Karl, des
späteren Kaisers Karl v.

Erasmus war durch Vermittlung von Le Sauvage bereits
1515 zum Rat des damals 15jährigen und für großjährig er-
klärten Karl ernannt – des Enkels und Thronerben vom
deutschen Kaiser Maximilian 1. Karls Erzieher Guillaume
de Chièvres (Wilhelm von Croy) und Karls Kanzler Jean Le
Sauvage waren Befürworter einer frankreichfreundlichen
Friedenspolitik.

Erasmus von Rotterdam hatte längst einen Namen als
humanistischer Gelehrter. Durch den neuen Buchdruck waren seine Schriften in ganz Europa verbreitet. Sein glänzen-
des Latein, damals Weltsprache, wurde unter den Gebilde-
ten seiner Zeit überall verstanden. Das *Handbüchlein des*

christlichen Streiters und das *Lob der Torheit* hatten ihn berühmt gemacht. Als Rat des jungen Karl verfaßte Erasmus seine *Institutio Principis Christiani* – den *Unterricht für den christlichen Fürsten* –, worin nicht einem kühnen Eroberer, sondern einem besonnenen Staatsmann für den Frieden die Hymne gesungen wird. Diese im Jahre 1516 zu Basel gedruckte Fürstenerziehung hat Erasmus seinem Schützling Karl gewidmet. Erasmus hatte sich aber schon früher als persönlich engagierter Anwalt für den Frieden gezeigt. In seinen *Adagien,* einer nach Tausenden zählenden Sammlung antiker Sprichwörter mit Vergleichen und Erläuterungen, war 1515 eine leidenschaftliche Antikriegsschrift eingefügt: *Dulce bellum inexpertis* – *Süß scheint der Krieg den Unerfahrenen* –, die sogleich auch als Sonderdruck erschien. Erstmalig in der europäischen Literaturgeschichte war ausschließlich dem Thema ›Frieden und Krieg‹ ein Essay gewidmet. – Wer war also besser geeignet, für eine europäische ›Friedens-Synode‹ die Rede zu verfassen?

So entstand 1517 die *Querela Pacis,* wo die Friedensgöttin höchstpersönlich ihre Klage vorträgt. Sie wurde eine der berühmtesten Schriften des Erasmus.

In seiner geschichtlichen Einleitung zur *Klage des Friedens* umreißt Rudolf Liechtenhan die politische Situation, aus der heraus der Pazifismus des Erasmus erwuchs: »Die ganze geistige Entwicklung des Erasmus fiel in jene von beständigen Kriegen erfüllte Periode, wo die Habsburger und die Könige von Frankreich sich um das Erbe Karls des Kühnen und um die Macht in Italien stritten. Es ging um die dynastischen Interessen der verschiedenen Herrscherfamilien, und jedes Mittel zum Zweck schien erlaubt; Politik war zu einem großen Schachergeschäft geworden, bei dem die Gewalthaber mit ihren Völkern, ihrem Wohl und Wehe, wie mit einer Ware umsprangen. Heiratsgeschichten waren immer wieder der Mittelpunkt, um den sich dieses ganze Schachspiel drehte; sie waren Kriegsursachen, und die Untertanen mußten dafür bluten. Der Wahnsinn und die Unmenschlichkeit dieses Treibens hat sich dem Gemüt des Erasmus tief eingegraben.«[2] Und zur Vorbereitung der Friedens-Liga von Çambrai heißt es bei Liechtenhan: »Dieser Vorbereitung sollte neben diplomatischen Verhandlungen auch eine neue Schrift des Erasmus dienen, die grundsätzlich die Sache des Friedens den Geistern einprägen, alle religiösen und sittlichen Kräfte mobilisieren sollte. Die Politik der Liga von Cambrai hatte heftige Gegner in dem alten Kaiser Maximilian und in Kardinal Matthäus Schinner, der alles tat, um Kaiser Max und König Heinrich VIII. von England dagegen einzunehmen und auch am Hofe Karls den franzosenfreundlichen Räten entgegenzuarbeiten. Das ist der politische Hintergrund dieser neuen Friedensschrift, der Querela pacis, der ›Klage des bei allen Völkern verworfenen und vertriebenen Friedens‹. (...)

Wenn es jemals ein goldenes Zeitalter gegeben hat, so wird nach Erasmus die heraufziehende Friedenszeit ein solches sein. »O ewiger Gott, was für ein Jahrhundert sehe ich heraufziehen!« ruft er wie in Verzückung aus.

Vielleicht hat Erasmus darin gar nicht unrecht, daß damals eine große weltgeschichtliche Stunde war, da eine herrliche Gelegenheit der Menschheit dargeboten wurde, und man darf ihm nicht vorwerfen, daß er nicht alles getan habe, dem Pochen dieser Stunde an die Tore der Geschichte Gehör zu verschaffen. Es war umsonst.«[3]

Eine Liga von Cambrai – unter deutsch-französischer Versöhnung – hatte es bereits 1508 gegeben, aber die war alles andere als eine friedliche Zweckgemeinschaft. Der deutsche Kaiser Maximilian I. und Ludwig XII. von Frankreich machten Koalition gegen Venedig, der eroberungsfrohe Papst Julius II., der spanische und der englische König traten dem Bündnis bei, um den Besitz der Republik Venedig aufzuteilen. Der Plan schlug allerdings fehl.

Erasmus befand sich zu jener Zeit (1508) gerade in Venedig. Er war entsetzt über die Eroberungszüge des greisen Papstes. Der Papst hatte ihn sogar heranziehen wollen, ihm eine Erörterung für und wider den Krieg zu schreiben. Erasmus verfaßte eine Schrift *Antipolemos (Antikrieg)*, in der die Befürwortung des Krieges sehr kurz, die Gegenargumentation dagegen sehr breit ausfiel. Diese Schrift ist verschollen. Philipp Melanchthon hat dazu eine Überlieferung über den verärgerten Papst Julius aufgezeichnet, der den Erasmus vermahnt haben soll, es sein zu lassen, über die Angelegenheiten der Fürsten zu schreiben: »Du begreifst diese Dinge nicht!«[4]

Inzwischen war in England, Frankreich und in spe mit Karl auch in Deutschland eine junge Regentengeneration herangewachsen, auf die die Humanisten große Hoffnungen setzten. In Rom hatte ein Medici, der mit Bildungs- und Kunstsinn begabte Leo X., den Papststuhl erlangt, mit dem Erasmus noch vor dessen Wahl in Italien persönlich bekannt geworden war. Vom alten Habsburger Kriegshelden Max erhoffte man, er würde sich endlich nach Altersruhe sehnen. Als daher um 1516 erste Anstrengungen gemacht wurden, in Cambrai ein neues Fürstenbündnis zu knüpfen, das auf Dauer den Frieden in Europa sichern sollte, hätte das eine geschichtliche Stunde sein können. Erasmus wünschte wieder jung zu sein, um noch die Zeit des Friedens zu kosten. (Er war knapp 50.)

Im Laufe des Jahres 1516 wurden erste Abkommen zwischen Frankreich und Burgund getroffen, eines in Noyon und ein sog. ›Brüssler Friede‹, für den schließlich auch Kaiser Maximilian gewonnen werden konnte. Der spekulierte dabei aber offenbar schon wieder auf eine Teilung der Interessengebiete in Italien. Für seinen jüngeren Enkel Ferdinand sollte ein Königreich aus Venetien und der Toscana herausspringen. Sein Enkel Karl vertrat nicht nur das Burgunderreich und damit einen Teil der Niederlande als großmütterliches Erbe, sondern ihm war mütterlicherseits auch die spanische Krone zugefallen.

Die englische Regentschaft war ziemlich argwöhnisch gegenüber einer zu großen Einigkeit auf dem Festland.

Das Gipfeltreffen zu Cambrai war für den 2. Februar 1517 geplant. Mit Verzögerung wurde am 11. März 1517 in Cambrai ein Abkommen als Vorbereitung für das eigentliche Fürstentreffen geschlossen. Das diplomatische Kunststück, alle Kontrahenten in friedlicher Eintracht zu versammeln, glückte nicht. Das Treffen selbst – die große Friedenskonferenz – fand nie statt. Der Hoffnungsschimmer von Cambrai verglimmte, blieb geschichtlich bedeutungslos.

»Nur im Lichte erasmischer Gedanken, einer illusorischen Beleuchtung also, so weit sich das Feld der aktuellen

Politik erstreckte, lohnt es sich außerhalb historischer Spezialfragen noch heute, ihn hervorzuholen und von ihm zu sprechen.

Das heißt aber, es lohnt sich, weil die *Querela* mehr ist als eine Denkschrift zur Tagespolitik, mehr als was Erasmus' Auftraggeber wollen und wissen konnten. Sie verband sich mit der Friedensauffassung des Erasmus, das heißt mit seinem Menschenbild und seinem Christusbild.«[5] Dies sagte sehr treffend Otto Herding in seiner Querela-Pacis-Einleitung der lateinischen Erasmus-Werkausgabe.

Es läßt sich nicht genau bestimmen, wann Erasmus die *Querela* verfaßte. Im Juli 1516 traf er den Kanzler Le Sauvage in Brüssel, und es ist möglich, daß dabei schon das Friedens-Projekt besprochen wurde.

Das Jahr 1516 war ein sehr arbeitsreiches und ausgefülltes Jahr für ihn. Er gab damals bei Froben in Basel sein *Novum Instrumentum* heraus: eine Neuausgabe des Neuen Testaments in griechischem und lateinischem Textvergleich mit textkritischen Anmerkungen (eine philologische Revision der alten Hieronymus-Vulgata, der bis dahin üblichen Dogmengrundlage). Diese Arbeit war ein wirklich neues Instrument für eine Kirchenreform; so diente sie später auch Luther als Grundlage für seine Bibelübersetzung. Außerdem besorgte Erasmus in jenem Jahr die Herausgabe der Briefe des Kirchenvaters Hieronymus in 4 Bänden. – Man kann daher für den Querela-Pacis-Text voraussetzen, daß Erasmus in religiösen Fragen kompetent ist.

Wurde die *Querela Pacis* noch im Sommer des Jahres 1516 begonnen? Man vermutet, daß sie mindestens im Frühjahr 1517 abgeschlossen war. Erasmus teilt in einem Brief vom 30. Mai 1517 aus Antwerpen seinem besten englischen Freund Thomas Morus mit, daß u. a. dessen *Utopia* zusammen mit einigen seiner eigenen Nachtarbeiten per Boten nach Basel abgeschickt sei. Es wird unter diesen Nachtarbeiten auch die *Querela Pacis* vermutet; denn es war schon länger beabsichtigt, sie in einem Band mit Morus' *Utopia* herauszubringen.

In demselben Brief schildert Erasmus auch, wie er und Peter Gilles (Petrus Aegidius) auf einem Doppelbild zum Geschenk für Morus abkonterfeit werden. Dem gemeinsamen Freund Peter Gilles, dem gastfreundlichen Stadtschreiber in Antwerpen, galt die Widmung der *Utopia*. Auf einer Kopie des Bildes ist bei Peter Gilles ein Buch mit dem Titel QUER PACIS ERAS ROTT zu sehen. Es ist nicht schwer zu raten, welches Werk damit gemeint ist.

Im Druck erscheint die *Querela Pacis* dann im Dezember 1517. Die *Utopia* erhält vom Verleger Froben allerdings einen extra Band.

Bis zum Druck der *Querela Pacis* machten die politischen Entwicklungen, mit dem Scheitern der Friedensverhandlungen, das Werk schon überholt, – aber seinen Inhalt, die laute Klage des personifizierten Friedens ohne Heimstatt: bleibend berechtigt. Leider! Die Klage hätte eigentlich nur eine Erinnerung sein sollen, die mit einem Zeitalter des Friedens zukünftig der Vergangenheit angehört.

Die jungen Fürsten lagen bald in jahrzehntelangem blutigem Kampf miteinander.

Militärische Siege der Fürstenhäuser werden in den Geschichtsbüchern meist als die großartige Begründung von Weltmachtstellungen herausgestellt. Hier wurden aber nationale Spannungsverhältnisse für die nächsten Jahrhunderte vorprogrammiert, an deren Folgen wir noch kranken. Es gab immer schlimmere Kriege und kein Ende. Von der Kette der Kriege ist in der Paxklage die Rede – daß ein Krieg den anderen gebiert. – Der Unfriede seines Zeitalters hat Erasmus schwer deprimiert.

Die *Querela Pacis* entstand am Vorabend der Reformation. Ende Oktober dieses Jahres 1517 hämmerte bekanntlich Luther seine 95 Thesen an die Schloßkirchentür zu Wittenberg – und die Geschichte nahm ihren Lauf: nicht ohne Blutvergießen und unter Spaltung der kirchlichen Einheit. Aber zur Zeit, als er die *Querela Pacis* schrieb, wußte Erasmus noch nichts von Luther. (»...Thesen über die päpstlichen Ablässe und einen Ratschlag über den Türkenkrieg, in der Annahme, daß Ihr das noch nicht habt...«[6], schickte Erasmus im März 1518 an Morus nach England.)

Erasmus von Rotterdam war durchaus kein weltentrückter Stubengelehrter, als der er manchmal hingestellt wurde. Er war weltoffen wie selten einer. Er unterhielt Briefkontakte mit Freunden aus vielen Ländern Europas. Und er ließ sich auch durch die Mächtigen seiner Zeit nicht beirren und scheute sich nicht, ihnen in höflichster Form, aber deutlich, christlichen Unterricht zu erteilen, wenn's drauf ankam.

Am 9. September 1517 schickte er z. B. auch König Heinrich VIII. von England seine *Fürstenerziehung* ins Haus mit dem Hinweis, daß diese unlängst dem frischgebackenen span'schen König Karl dargebracht war. Seiner Durchlaucht Henrico Octavo wurde dafür die lateinische Übersetzung einer kleinen Plutarch-Schrift *Über die Art und Weise, einen Schmeichler von einem Freund zu unterschei-*

den gewidmet. Ein Fürst sollte weise sein und für alle sorgen und wachen.

Die Friedensverhandlungen hatte Erasmus aus allernächster Nähe verfolgt, sich mehrmals mit dem Kanzler getroffen, einmal auch bei Kardinal Schinner gefrühstückt. (Dieser sog. ›Kardinal im Harnisch‹ war maßgeblicher Gegenspieler der Friedensbemühungen; ein Schweizer Bauernsohn, war er Bischof von Sitten geworden und hatte sich bei den Kriegsunternehmungen von Papst Julius II. hervorgetan, was ihm den Kardinalshut brachte. Es ist anzunehmen, daß er für manche Bemerkung in der *Querela Pacis* über die Kriegshelfer vom geistlichen Stand Pate stand). Von jenem Tête-à-tête mit dem Kardinal Schinner schreibt Erasmus: »Wir hatten eine lange Unterredung über mein Neues Testament und über den Krieg. Er schimpfte öffentlich über die Franzosen, frei heraus nach Schweizer Art…«[7]

Hierin steckt wahrscheinlich auch eine Anspielung auf die Schlacht von Marignano vom September 1515, als die im Dienste des Herzogs von Mailand stehenden Schweizer Söldner von den Franzosen besiegt wurden. Damals hatte Erasmus aus Basel berichtet: »Unsere Schweizer sind gar grimmig gegen die Franzosen, weil sie ihnen in der Schlacht nicht höflich gewichen sind, wie einst den Engländern, sondern mit ihren Kanonen eine Verheerung unter ihnen anrichteten. Ein gut Stück weniger ist heimgekehrt als ausgezogen war, zerrissen, verstümmelt, verwundet, mit zerfetzten Fahnen; statt des Siegesfestes halten sie eine Totenfeier …«[8] – Erasmus war der grauenvollen Realität des Krieges sehr wohl ansichtig geworden.

Einmal – im September des Jahres 1513 – hatte Erasmus

sich fast vom Siegesrausch seiner englischen Freunde hinrei-
ßen lassen: es war dies anläßlich der im obigen Brief ange-
deuteten Schlacht von Guinegate, bei der die Engländer die
zahlenmäßig überlegenen Franzosen in die Flucht schlugen.
Spöttisch sprach man von der ›Sporenschlacht‹, weil hier
mehr Reit- als Fechtkünste den Sieg entschieden hatten.

Erasmus weilte zu der Zeit in Cambridge und bekam
lebhaft-heroische Berichte vom Ort der Schlacht. Aber nur
wenige Tage danach wurde ihm alle Fragwürdigkeit eines
Kriegstriumphes wieder bewußt. – Der schottische König
Jakob IV. war Bündnispartner der Franzosen und fiel, ob
des englischen Frankreich-Angriffs, seinem Schwager Heinrich VIII. bewaffnet ins Land. Dabei kamen er und sein na-
türlicher Sohn Alexander am 9. September 1513 ums Leben.
Um diesen jungen Alexander Stuart empfand Erasmus tiefe
Trauer; denn Alexander war sein Privatschüler gewesen und
hatte seine besonderen Sympathien gehabt.

Wenn in der *Querela Pacis* von hochachtbaren Äbten und
ehrbaren Bischöfen die Rede ist, durch deren heilsamen Rat
ein Tumult-Vorfall beigelegt werden kann, dann dachte
Erasmus dabei sicher auch an drei vorbildliche Friedens-
freunde, die er in England gefunden hatte: an den humani-
stisch gesinnten Erzbischof von Canterbury William War-
ham, an den asketischen, lauteren Theologieprofessor von
Cambridge Bischof John Fisher und schließlich an »seinen«
John Colet, den großen Interpreten der Paulusbriefe an der
Universität Oxford, der hernach Dekan der St.-Pauls-
Schule in London war. Erasmus schildert später in einer
Lebensskizze des John Colet dessen kühne Karfreitags-Pre-
digt vom Jahre 1513:

Der König rüstete schon zu seinem Krieg nach Frankreich und hatte auf Ostern einen Feldzug vorbereitet. Da sprach Colet vor dem König und der versammelten Hofgesellschaft über den Sieg Christi, gemahnte, daß sie unter diesem Feldzeichen ihres eigentlichen Königs kämpfen und siegen sollten. – Denn die aus Haß, die aus Ehrsucht Böses mit Bösem bekämpfen und sich gegenseitig niedermetzeln, streiten nicht unter Christi, sondern unter des Teufels Zeichen. Wohl kaum zeigen jene Bruderliebe, ohne die keiner Gott schauen wird, wenn sie das Eisen in des Bruders Eingeweide stoßen. – Er fügte hinzu, daß man eher seinem Princeps Christus zu folgen hätte als Julius oder Alexander.[9]

Man kann sich denken, daß dem achten König Heinrich diese Hofpredigt nicht ganz nach dem Sinn war. Er befürchtete, der Kampfgeist seines auszugsbereiten Heeres würde erschüttert. Des Königs eigener Kampfgeist blieb allerdings unerschüttert – trotz dieser eindringlichen Karfreitagsmahnung zu Greenwich am 27. März 1513.

(Der englische König Heinrich VIII., damals im vierten Jahr auf dem Thron, wollte für sich einen alten Titelanspruch ›König von Frankreich‹ geltend machen und wollte die im Hundertjährigen Krieg verlorengegangenen Gebiete in Frankreich zurückerobern. Mit 100 000 Goldkronen Subsidien konnte Heinrich noch den militärischen Beistand des deutschen Kaisers Maximilian I. gewinnen, der bei der besagten Sporenschlacht sogar persönlich anwesend war. Der königliche Schwiegervater in Spanien sollte die Franzosen vom Süden her in die Zange nehmen. Zum Glück für Frankreich wurde der Sieg nicht voll ausgeschlachtet. Es kam zum sogenannten ›Tintenfrieden‹, d. h. zu einem kraftlosen Frieden. Und man einigte sich dann, daß Ludwig XII. von Frankreich eine Schwester des englischen Königs heiraten sollte; die hatte man vorher gerade dem 13jährigen Kaiserenkel Karl zur Ehe versprochen. – Dies nur ein kleines Stimmungsbild vom damaligen dynastischen Getriebe.)

Von John Colets Predigt wird man sicher einiges in der *Querela Pacis* wiederentdecken. Erasmus wußte, daß er Gesinnungsgenossen hat. Seine eigene Beschäftigung mit dem Menschheitsproblem ›Frieden‹ begann aber nicht erst 1513 oder gar erst durch Auftrag vom Hof, sondern geht bis in seine frühe Klosterzeit zurück. Der Friede bildet bei Erasmus ein Grundmotiv, das in allen seinen Schriften zu finden ist. Selbst seine ›Moria‹, die personifizierte Torheit, distanziert sich in ihrem drastischen Eigenlob vom Wahnsinn des Krieges und schreibt ihn den höllischen Furien zu.

An Anton von Bergen, den ihm gut bekannten Abt des Klosters Saint-Bertin in der nahe bei Guinegate gelegenen Stadt Saint-Omer, schrieb Erasmus am 14. März 1514 einen Brief aus London, in welchem er offen und ausführlich seine ›Antikriegsgedanken‹ darlegte. Dieser Brief wird zu den wesentlichen Friedensschriften des Erasmus gerechnet und mutet in vielem wie eine Kurzfassung der *Querela Pacis* an, bis auf den Satz: »Mein Hab und Gut liegt in England, aber ich will gern auf alles verzichten, wenn es unter den christlichen Fürsten christlichen Frieden gibt.«[10]

Der Brief wurde veröffentlicht und auf Veranlassung des Abts sowohl Kaiser Maximilian als auch dessen Enkel Karl zugesandt. Noch im gleichen Jahr 1514 besorgte Georg Spalatin, der Ratgeber Friedrichs des Weisen, eine Übersetzung ins Deutsche mit dem Titel: »Herre Erasmus Roterdamus Epistel zu herr Antony von Berg, Apt zu Sant Bertin, von den manigfältigen schäden des Kriegs und was übels, nachteyls und unwesens usz den Kriegen erwechszt.« Die Öffentlichkeit sah wohl mit Spannung diese mutige Desillusionierung des alten Rittertums.

Kaiser Maximilian 1. blieb sich trotzdem als ›letzter Ritter‹ treu (und kann sich bis heute des Beinamens ›Vater der Landsknechte‹ rühmen). Einmal hatte auch Maximilian in jungen Jahren geschrieben: »Hätten wir Frieden, wir säßen wie in einem Rosengarten.«[11] Nur nahm er die Möglichkeit nicht wahr, dazu beizutragen.

Im Mai 1517, als der ›Friede von Cambrai‹ noch in der Schwebe stand, schrieb Erasmus an seinen Freund Morus enttäuscht über den wenig vertragsbereiten Kaiser Maximilian: »Es sollte gerade auch mit Geldern Friede geschlossen werden, unter auch für den Kaiser günstigsten Bedingungen, aber das hat er verhindert, wir sollten nicht ganz ohne Krieg sein!«[12]

Ein unentwegter Krieg mit dem niederländischen Herzogtum Geldern, das sich der Einverleibung durch die Habsburger beharrlich widersetzte, war noch das Erbe von Karl dem Kühnen (dem Schwiegervater von Maximilian), der 1473 Geldern für Burgund erobert hatte. – Bis zum endgültigen Sieg Karls v. (also des Urenkels von Karl dem Kühnen) sollte sich der Kampf noch bis 1543 hinziehen; denn der Herzog des kleinen Geldern hatte es sich zur Lebensaufgabe gemacht, dem großen Habsburger Imperator und seiner Tante Margarete, der als Statthalterin eingesetzten ›Gouvernante der Niederlande‹, zu trotzen. Aber der Kampf spielte sich natürlich nicht zwischen zwei oder drei Personen ab; ein Heer von Söldnern und marodierenden Rotten verunsicherte die Lande. In einem älteren *Brockhaus* (von 1930) ist dieser furchtbare kriegerische Tatbestand in einer sehr unauffälligen Notiz versteckt: »1472/73 kamen Geldern und Zutfen an das Haus Burgund, das die Gebiete nur mit Mühe behaupten konnte.« Erasmus hat das Ende dieser Kriegereien nicht mehr erlebt.

Der Burgunder-Erbe Karl v. dachte nicht daran, den Widmungsbrief des Erasmus zu beherzigen, welcher der christlichen *Fürstenerziehung* beigegeben war. Darin heißt es: »Doch, edler Fürst Karl, wie Du Alexander an Glück übertriffst, so hoffen wir, wirst Du ihn auch an Weisheit übertreffen. Er hatte ja zwar ein großes Reich erobert, jedoch nicht ohne Blutvergießen und nicht von langer Dauer. Du bist schon in ein wunderschönes Reich hineingeboren, bist für ein noch größeres bestimmt; wie jener sich mühte, zu erobern, so wird es vielleicht Deine Aufgabe sein, freiwillig auf einen Teil des Reiches lieber zu verzichten, als ihn in Besitz zu halten.«[13]

Man soll nicht denken, daß die Fürsten die Schriften von Erasmus vielleicht gar nicht gelesen hätten. Karls jüngerer Bruder Ferdinand z.B. hatte die ganze lange *Fürstenerziehung* auswendig gelernt. – Dem gelehrten Humanisten Erasmus von Rotterdam fehlte es nicht an Anerkennung.

Es gab damals regelrechte Erasmus-Fans, die irgendeine handgeschriebene Seite von ihm wie eine Kostbarkeit hüteten. Sogar die Stummel seiner Kerzen wurden als Andenken gesammelt. Dazu sagte Erasmus, daß es ratsamer wäre, seine Gedanken als Kerzen zu nehmen.

Es soll auch erwähnt werden, daß Erasmus – trotz seines Hofratstitels – zusehen mußte, wie er sich finanziell über Wasser hielt; vorwiegend wurde er von Freunden unterstützt, der Hof blieb mit der Zahlung eines Ratsgehaltes lange im Verzug und begnügte sich, mit Weihwasser zu sprengen. Um sich Winterkleidung zu kaufen, mußte Erasmus im September 1516 seine beiden Pferde zu Geld machen: Er konnte schließlich nicht nackend reiten, wie er sagte, aber beides, beritten und bekleidet zu sein, konnte er sich nicht leisten.

Die verschiedenen Königshöfe versuchten, Erasmus für sich zu verpflichten, auch hohe geistliche Ämter wurden ihm angetragen. Erasmus fühlte sich geehrt, aber er zog seine Unabhängigkeit vor.

Als Erasmus noch alle Hoffnung hatte, die Friedensverhandlungen könnten zu einem Ziel führen, die mächtigen europäischen Herrscher, die sich »christlicher«, »katholischer« oder sogar mit päpstlicher Ermächtigung »allerchristlichster« König nannten, würden nun auch alle Kriegsvorbereitungen von Grund auf aufgeben und ein festes Band des Friedens knüpfen und fortan wahrhaft christlich regieren, da träumte er auch davon, daß im Gefolge gute Sitten, echte Wissenschaft und die schönen Künste zur Blüte kämen (so in einem Brief vom 26. Februar 1517). Heute würde man das vielleicht mit ›Bildung statt Waffen‹ verschlagworten; Erasmus plädierte für bessere Literatur in den Schulen. Aber es ging wohl vielmehr noch um eine Bildung, die nicht nur gelernt, sondern auch gelebt werden kann. »Wenn die Waffen das Wort haben, ist nicht Zeit für die Wissenschaft«, schrieb er sinngemäß an Heinrich VIII.

Seine *Querela Pacis* widmete Erasmus dem Bischof von Utrecht, Philipp von Burgund. Da sich der Druck in Basel hinzog, ließ Erasmus dem Bischof am 5. Oktober 1517 eine auf Pergament geschriebene Handschrift des Textes überreichen.

Philipp von Burgund, aus burgundischem Adelsgeschlecht, war am Hofe Kaiser Maximilians groß geworden und hatte politische Aufgaben als Admiral von Flandern und Gouverneur von Geldern übernommen. Im März 1517 wurde er aus dem Laienstand zum Bischof von Utrecht gewählt. Diese hohe Würde hatte Jahrzehnte vorher Philipps Bruder David von Burgund inne, von dem Erasmus einst die Priesterweihe empfangen hatte. – Erasmus hoffte nun, den frischgekürten Bischof von Utrecht, der nicht ohne Einflußnahme auf die Politik der Niederlande war, für das Friedensprogramm zu gewinnen.

Lobend erwähnte Erasmus, daß sich Philipp von Burgund nur ungern vom Herzog Karl für dieses Amt hatte gewinnen lassen, was die Hoffnung für beste Eignung gibt; »da ja Plato, ein Mann von ausgezeichneter und klarer Urteilskraft, keine anderen für tauglicher zum Führen der Staatsgeschäfte hielt, als diejenigen, die dazu wider Willen gedrängt werden.«[14]

Erasmus ermahnte den neuen Bischof, sich in der Kunst des Friedens auszuzeichnen, nach der Tradition seines Vaters und Bruders, die sich beide für den öffentlichen Frieden stark gemacht hatten. Diese Widmung der *Querela Pacis* hat in der Neuausgabe nur 31 Zeilen und schließt folgendermaßen:

»Dreifache Bürde nimmst Du auf Deine Schultern: das Vorbild von Vater und Bruder, alsdann die Schicksale dieser Zeit, die (wie denn anders sollte ich es sagen?), ich weiß nicht wie, zum Krieg hinziehen. Wir sahen selbst neulich, daß einige, zur größeren Last für Freunde als für Feinde, nichts unversucht ließen, damit es nicht einmal zu einem Ende der Kriege käme, und daß wiederum andere, die dem Staat und dem Fürsten von Herzen wohlwollen, es kaum aussprachen, daß der Friede mit den Franzosen immer zu wünschen wäre. Ja, diesen für die Zeit so notwendigen Frieden laß uns hochhalten! Die Empörung über jene Tatsachen bewegte fürwahr mein Herz, so daß ich die Klage des überall niedergeschlagenen Friedens schrieb, wodurch ich denn den gerechtesten Unmut meines Herzens rächte und linderte. Das Büchlein widme ich Dir gleichsam als gebührende kleine Erstlingsgabe zum neuen Bischof, damit Deine Hoheit den wie nur immer gewonnenen Frieden sorglich bewahre; so dulde ich nicht, daß vergessen werde, mit wieviel Mühe dieser für uns zustande gebracht sein wird. Leb wohl!«[15]

Über das Büchlein der *Querela Pacis,* seine Druckauflagen, die Übersetzungen und seine Wirkung, läßt sich ein eigenes Kapitel schreiben, das ich dem interessierten Leser nicht vorenthalten möchte.

Den Anfang der Herausgabe machte (wie schon erwähnt) im Dezember 1517 Johannes Froben in Basel, der bald des

Erasmus' wichtigster Verleger wurde. – Die Frobenschen Drucke waren wegen ihrer hohen Qualität berühmt. – Holzschnitte von Hans Holbein d. J. zieren den Titel und die Anfangsseite der *Querela Pacis,* die dort mit Widmung 50 Seiten ausmacht. Weitere Abhandlungen von Erasmus und Thomas Morus sowie deren gemeinsame Lucian-Übersetzungen wurden an den Querela-Text angeschlossen und ließen das Buch auf insgesamt 642 Seiten anwachsen; daher mußte, um das Ganze nicht noch umfangreicher zu machen, die anfänglich eingeplante *Utopia* von Morus in einen neuen Band.

Es heißt, Erasmus sei über die Druckverzögerung beim Froben-Verlag ungeduldig geworden und habe deshalb die *Querela Pacis* noch bei Dirk Martens zu Löwen in Druck gegeben, der auch 1516 schon eine Ausgabe der *Utopia* besorgt hatte. (Erasmus befand sich in der Nähe dieser Druckerei, da er ab 1517 auch Aufgaben an der Löwener Universität übernommen hatte.) Die *Querela Pacis* erschien bei Martens dann aber erst Ende März 1518.

Schon im November 1518 erfolgte eine zweite Auflage bei Froben in Basel. Auch viele andere Verlage druckten die *Querela Pacis.* So erschien diese Friedensschrift in lateinischer Ausgabe am 30. April 1518 in Krakau, im September 1518 in Venedig, im Oktober 1518 beim Verlag Cratander in Basel und ebenfalls 1518 in Leipzig. Im Februar 1519 wurde die *Querela Pacis* in Florenz gedruckt, 1521 in Leipzig und Mainz, 1522 in Straßburg, 1523 in Köln und Deventer, 1525 in Paris, 1529 in Lyon, Basel und Leiden.

Der Friede von Cambrai war längst gescheitert. Das Interesse an der *Klage des Friedens* blieb wach. In den folgenden 150 Jahren erreichte die *Querela Pacis* 35 Ausgaben in lateinischer Sprache.

Bereits 1521 erschienen zwei deutsche Übersetzungen, eine von Georg Spalatin in Augsburg und eine von dem Leuteprediger Leo Jud in Zürich mit dem Titel: »Ein klag des Frydens, der in allen Nationen und landen verworffen vertriben unn erlegt.« Leo Jud schrieb in seiner Einleitung: »...bin ich bewegt, ...ein Büchlein des hochgelehrten Erasmi von Roterdam/ so von im in Latein gemacht/ in tütsch zu transferieren, dazu (als ich hoff) vil gebessert unnd zu fryd gereizt mögen werden.«

Die erste spanische Übersetzung wurde 1520 in Sevilla gedruckt: *Tractato de las querellas de la paz.* Dafür, daß es nicht aus der Luft gegriffen war, wenn Erasmus die Pax sagen läßt, es würde jemanden fast den Kopf kosten, sie nur zu erwähnen, gibt Louis de Berquin – der erste französische Querela-Pacis-Übersetzer – ein trauriges Beispiel: Dieser französische Humanist wurde 1529 in Paris als rückfälliger Ketzer verbrannt – primär unter dem Vorwurf, ein Sympathisant Luthers zu sein. Im Jahre 1525 war bereits das Manuskript von Berquins Querela-Pacis-Übersetzung, *Complainte de la Paix,* nach Verurteilung durch die theologische Fakultät der Sorbonne, öffentlich verbrannt worden. Berquin hatte eigene, lutherfreundliche Bemerkungen eingefügt. Aber man kreidete ihm ebenso Erasmus' authentische Friedensäußerungen an. Der damalige französische König Franz 1. war pro Erasmus und auch pro Berquin, hatte aber die rasche Urteilsvollstreckung nicht mehr verhindern können. Dabei konnten sich die Franzosen über das freundliche Bild, das von ihnen in der *Querela Pacis* gezeichnet wurde, gewiß nicht beklagen. – Auch in Spanien standen die Übersetzungen der *Querela Pacis* bald auf dem Index des Generalinquisitors.

Erasmus sah Übersetzungen seiner Werke gar nicht so gern, weil sie oft ziemlich verunstaltet wurden und manchmal als Sprachrohr für ganz andere Anliegen herhalten mußten. Trotzdem: das Bedürfnis nach Texten in den nationalen Sprachen wuchs.

Mit einer gewissen Pause – und nicht mehr zu Erasmus' Lebzeiten – erschien dann die erste englische Querela-Pacis-Übersetzung im Jahre 1559 in London, und 1567 gab es die erste Übertragung ins Niederländische: *Een christelijcke noodtvendige clage des vreedts.*

Während schlimmer Kriegszeiten erinnerte man sich immer wieder der *Querela Pacis.* Im Dreißigjährigen Krieg wurde die *Klage des Friedens* gleich zweimal neu verdeutscht, 1622 und 1634. Zu der letzteren schrieb Rudolf Liechtenhan in seiner historischen Einleitung (1934): »Mitten in den Wirren des Dreißigjährigen Krieges hat Magister Samuel Grynaeus, Pfarrer zu St. Leonhard in Basel, die Querela pacis in deutscher Übersetzung herausgegeben unter dem Titel: ›Klag des an allen Orten und enden vertriebenen und ausgejagten Friedens, von Herrn Desiderio Erasmo Roterodamo mehr dann vor hundert Jahren in Latinischer Sprach beschrieben; Nun aber von einem Liebhaber des Friedens in die Teutsche versetzt: Bey disen jetzigen trübseligen Zeiten sehr nützlich und nohtwendig zu lesen. Gedruckt zu Basel, In verlegung Johann Jakob Geneths, Anno 1634.‹«

Im angelsächsischen Sprachraum wurde die erste Übersetzung der *Querela Pacis* von Thomas Paynell aus dem Jahre 1559 in Krisenzeiten immer wieder neu gedruckt, z. B. 1802 in London zur Zeit des Napoleon-Konflikts, 1813 in Boston während des Krieges zwischen den USA und Kanada und 1917 in Chicago, als die USA in den Ersten Weltkrieg eintraten. Nach Ende des Zweiten Weltkriegs wurde 1946 in New York ein Faksimile des Erasmus-Originals zusammen mit der Paynell-Übersetzung herausgegeben.

José Chapiro änderte in seiner englischen Neuübersetzung von 1950 (zu Boston) – anläßlich des kalten Krieges – auch den bis dahin üblichen Titel. Aus *The complaint of peace* wurde *Peace protests;* die Widmung ging an die Vereinten Nationen. (Chapiro nennt Erasmus: »Herald of a United World«.)

In Italien gab's *Il Lamento della pace* (das Erscheinungsjahr ist unbekannt).

Die erste Übersetzung ins Russische, *Zaloba Mira,* erschien 1955 in der Moskauer Zeitschrift *Voprosy filosofii.* Wie Otto Herding mitteilt, heißt es im Vorwort zur etwas gekürzten russischen Querela-Pacis-Fassung: »Es gilt, die progressiven Elemente abzubilden, wie sie in der Kulturgeschichte eines jeden Volkes vorhanden sind.« Inzwischen wurde die *Querela Pacis* ins Polnische, Rumänische, Ungarische und Japanische übersetzt.

Die neueren deutschen Übersetzungen der klassischen Friedensmahnung beginnen mit dem von mir bereits vielzitierten Dr. Rudolf Liechtenhan, der Pfarrer und Privatdozent in Basel war. In lebendiger Sprache hat er 1934, kurz vor der großen Erasmus-Gedenkfeier, die *Klage des Friedens* neu verdeutscht und im Gotthelf-Verlag Bern/

Leipzig herausgegeben. Er widmete die Arbeit »Herrn Prof. D. G. J. Heering in Leiden, dem Friedenskämpfer, in Dankbarkeit und Freundschaft«, und es waren zweifellos auch bei Liechtenhan selbst pazifistische Ambitionen, die ihn zu diesem Werk bestimmten. Hatte er intuitiv erkannt, wie gefährlich es damals um den Frieden der Welt stand? – In Anspielung auf die Verdeutschung von 1634 spricht er von »einer für ›Liebhaber des Friedens‹ wieder höchst trübseligen Zeit«, und dazu, daß Erasmus in der Friedensfrage seiner Zeit weit vorausgeeilt sei, sagt er: »Es ist sicher kein Zufall, daß manche Partien der Klage des Friedens – neben solchen, die das Gepräge ihrer Zeit tragen – ganz so klingen, als ob sie aus der Not unserer Gegenwart heraus und für unser Geschlecht geschrieben wären.« Zum Stichwort ›Söldner‹ gab Liechtenhan in seinen Anmerkungen, nebst kurzer Historie des Söldnerwesens, einen gewiß nicht ganz abwegigen Vergleich: »Da Friedenszeiten für sie [die Söldner] Arbeitslosigkeit bedeutet und sie nun auf Bettel und Raub angewiesen sind, bilden sie eine stete Kriegsgefahr und spielen sie eine ähnliche Rolle wie heute die Munitionsindustrie mit ihrem kapitalistischen Interesse am Krieg.« – Liechtenhan weist zum Schluß auch auf das Buch Stefan Zweigs *Triumph und Tragik des Erasmus* hin, das er während der Korrektur kennenlernte und das 1934 erst in der bescheidenen Zahl einer Liebhaberausgabe erschienen war. – Das Buch von Liechtenhan gehört heute schon zu den Raritäten.

Im Jahre 1945 kam eine weitere Neuübersetzung mit dem Titel *Klage des Friedens* in Basel heraus in einer etwas freieren Bearbeitung von Arthur von Arx.

Für die von Kurt von Raumer unter dem Titel *Ewiger Friede* herausgegebene Sammlung historischer Friedensschriften trug Werner Hahlweg eine Übersetzung der *Querela Pacis* bei (1953, Freiburg/München). Nochmals übersetzt wurde die Schrift 1968 von Gertraud Christian für die Lateinisch-Deutsche Erasmus-Werkausgabe der Wissenschaftlichen Buchgesellschaft in Darmstadt.

Vom höchsten Lob bis zur Verbrennung reichte die Reaktion auf die *Querela Pacis*. Der Schweizer Reformator Ulrich Zwingli nannte sie den ›Psalm der christlichen Eintracht‹.

Der große Glaubenseiferer Luther hatte über das Menschheitsproblem ›Krieg und Frieden‹ nicht tief nachgesonnen. Von ihm kam kein Protest gegen die Söldnerpolitik der Herrschenden. Seine Empfehlung an den zur Schlacht ziehenden Söldner – »Willst du darauf den Glauben und ein ›Vaterunser‹ sprechen, magst du es tun und lasse damit genug sein. Und befiehl damit Leib und Seele in Seine Hände und zeuch dann vom Leder und schlage drein in Gottes Namen«[16] – steht in einem merkwürdigen Kontrast zu Erasmus’ eindringlicher Auseinandersetzung mit dem Vaterunser-betenden Soldaten.

Es wird an diesem Punkt vielleicht besonders deutlich, warum Erasmus, bei aller Bemühung um kirchliche Reformen und auch um die Unversehrtheit Luthers, sich nicht unter Luthers Fahne zu stellen gedachte. Eine interessante Gegenüberstellung von Erasmus und Luther zur Kriegsfrage brachte wiederum Rudolf Liechtenhan: »Man kann nicht sagen, daß Erasmus das Dämonische, das hinter der Welt des Krieges steht, nicht gesehen habe. Er hat es in aller

Schärfe gesehen, [sic!] und mit schonungsloser Beredsamkeit aufgedeckt. Die Illusion, von der Luther in seinen Schriften zur Kriegsfrage ausgeht, daß der Krieg die Aufgabe habe, die Bösen zu strafen und die Guten zu schützen, hat Erasmus klar durchschaut; in diesem Punkte vertritt er den nüchternen Realismus, Luther die wirklichkeitsfremde Theorie.«[17]

Die Auseinandersetzung mit der *Klage des Friedens* bildet so etwas wie einen roten Faden in der pazifistischen Geistesgeschichte, auch wenn diese Schrift nur kleinen Kreisen bekannt war.

»Wollte ein großer Staat nur die Hälfte seines Kriegsbrennholzes zum Bauholz des Friedens verbrauchen; wollt' er nur halb soviel Kosten aufwenden, um Menschen, als um Unmenschen zu bilden, und halb soviel, sich zu entwickeln, als zu verwickeln: wie ständen die Völker ganz anders und stärker da!« Dieses mehr als 150 Jahre alte Zitat, aus der romantischen Ordnung der politischen Schriften Jean Pauls gegriffen, zeigt sicher nicht zufällig Anklänge an Erasmus.

Die Hofpoeten sangen allerdings noch lange andere Lieder:

»Wohl wölbt sich Grab auf Grab vor dir empor...

Doch drüber jauchzet Alldeutschlands Siegeschor!«[18] – stand 1913 in einem langen Hymnus des kaisertreuen Paul Grotowsky, und zwar nicht im Sinne einer Warnung.

Am Grabe des Erasmus in Basel gelobten, vor dem Ersten Weltkrieg, Bebel und Jaurès für den deutschen und französischen Sozialismus Solidarität und Frieden. Dies schildert der englische Erasmus-Biograph George Faludy und auch, wie 1936, zur großen Erasmus-Gedenkfeier anläßlich seines vierhundertsten Todestages, Gelehrte aus ganz Europa in Basel zusammenkamen und daran erinnert wurde, daß erasmische Toleranz und erasmischer Pazifismus noch immer die einzige Hoffnung der Kultur seien. »Meister Erasmus, bitt für uns!« sagte der französische Schriftsteller Georges Duhamel.

Triumph und Tragik des Erasmus von Rotterdam nannte Stefan Zweig sein Erasmus-Buch; erstes offizielles Erscheinungsdatum ist 1935. – Daß Stefan Zweig in der Biographie und auch im Charakterbild des Erasmus, verglichen mit den Quellen, die uns zur Verfügung stehen, nicht frei von Irrtümern blieb, ist insofern irrelevant, als Zweig von einer »verschleierten Selbstdarstellung« sprach. – Was Erasmus uns zu bedeuten hätte, hat er aber wie kein anderer ausgesprochen. Wie Stefan Zweig mit unnachahmlichen Worten das Bild des großen Friedensmahners zeichnet, sei deshalb hier in Auszügen noch einmal ›verdichtet‹:

»Deutlich und zusammenfassend sei darum vorangesprochen, was uns Erasmus von Rotterdam, den großen Vergessenen, heute noch und gerade heute teuer macht, daß er unter allen Schreibenden und Schaffenden des Abendlandes der erste bewußte Europäer gewesen, der erste streitbare Friedensfreund, der beredteste Anwalt des humanistischen, des welt- und geistesfreundlichen Ideals.

…insbesondere der Krieg schien ihm, weil die gröbste und gewalttätigste Form der Austragung inneren Gegensatzes, unvereinbar mit einer moralisch denkenden Menschheit.

Die seltene Kunst, Konflikte abzuschwächen und durch gütiges Begreifen Dumpfes zu klären, Verworrenes zu schlichten, Zerrissenes neu zu verweben und dem Abgesonderten höheren gemeinsamen Bezug zu geben, war die eigentliche Kraft seines geduldigen Genies, und mit Dankbarkeit nannten die Zeitgenossen diesen vielfach wirkenden Willen zur Verständigung schlechthin ›das Erasmische‹.

...er hat sein geistiges Kleinod, seinen Menschheitsglauben, unversehrt heimgebracht aus dem furchtbaren Haßorkan seiner Zeit, und an diesem kleinen glimmenden Docht konnten Spinoza, Lessing und Voltaire und können alle künftigen Europäer ihre Leuchte entzünden.

...[um] nach langer Geistesnacht endlich den Tag der Weltbefriedung zu verkünden...«[19]

Albert Schweitzer betonte 1954 in seiner Friedensnobelpreisrede (er erhielt den Preis rückwirkend für 1952):

»Ich bin mir bewußt, in dem, was ich über das Problem des Friedens gesagt habe, nichts wesentlich Neues gebracht zu haben. Ich bekenne mich zu der Überzeugung, daß wir es nur lösen können, wenn wir den Krieg aus dem ethischen Grunde, weil er uns der Unmenschlichkeit schuldig werden läßt, verwerfen. Schon Erasmus von Rotterdam und einige nach ihm haben dies als die Wahrheit, die es einzusehen gilt, verkündet...«

Noch ist ein wirkliches Friedensprogramm auf Weltebene nie ernsthaft gestaltet worden. Die Abschreckungsstrategie des kalten Krieges brachte es mit sich, daß sogenannte ›konservative Kriege‹ weitgehend toleriert wurden. Und die nach dem Zweiten Weltkrieg beschlossene Lösung, im Konfliktfall eine unblutige Streitbeilegung über einen internationalen Gerichtshof anzustreben (wie das Erasmus schon anregte), wird gar nicht akzeptiert. (Obwohl das ganze Instrumentarium zur friedlichen Streitbeilegung bereits da ist!) In Konfliktgebieten blühen die Waffengeschäfte. – Die revolutionäre Neuerung im Völkerrecht – ius cogens: Anwendung und Androhung von Gewalt aus den internationalen Beziehungen zu verbannen – wurde unterhöhlt, muß aber eingefordert werden.

Erasmus macht deutlich, daß wir uns den Frieden gewiß nicht als reifen Apfel von den Pflanzstätten des Krieges erwarten können. Denn das Programm der Friedenssicherung bedarf einer anderen Gestaltungs-Strategie.

Der bekannte Rhetoriker und Altphilologe Walter Jens wünschte, daß die *Klage des Friedens* wieder neu gelesen werden sollte, und nicht nur das, sondern handlungsleitend werde.

Friede als Versöhnung und Nächstenliebe, dies habe Erasmus richtig als Christi Lehre und Testament erklärt: Frieden bedeute Verzicht auf jeden Krieg! In seiner Rede zur Eröffnung der ›Friedenstage‹ und einer Ausstellung ›1945 – 1990 – 2000 – Friedenstage?‹ im April 1990 auf der Spandauer Zitadelle nannte Walter Jens den Erasmus von Rotterdam Europas größten Gelehrten und Friedenskämpfer und rief ihn für unsere Zeit zum Nothelfer aus.

Und nun zum Text der *Querela Pacis* und zur vorliegenden Übersetzung.

Querela heißt Klage, Beschwerde, aber kaum im gerichtlichen Sinn. ›Pacis‹ ist der Genitiv von Pax; das Wort ist im Lateinischen feminin und heißt Friede, Ruhe; so heißt aber auch die antike Friedensgöttin mit Namen. Und ihr, der

Pax, der Personifikation des Friedens, hatte Erasmus die Klagerede in den Mund gelegt.

Alle bisherigen deutschen Übersetzer machten aus dieser obersten der ›Frauen für den Frieden‹ stillschweigend einen Mann – das ergab sich aus dem maskulinen Wort ›Friede‹. *Klage des Friedens* ist eine wörtliche und einprägsame Titelübersetzung.

Aber die Pax ist kein ›Mister Frieden‹. Erasmus, als Renaissanceler, griff sehr bewußt auf die antike Tradition zurück, die damals mit Begeisterung wiederentdeckt und entschlüsselt wurde. Dem großen Humanisten lag daran, die Werte der Antike und die Werte des Christentums harmonisch zu verbinden; und in der *Querela Pacis* ist ihm das meisterlich gelungen: wo die römische Göttin des Friedens mit klassischer Redekunst in breiten Partien ›Pax Christi‹ predigt.

›Der‹ Sieg und seine Allegorie ›die‹ Victoria müßten dieselben ›transsexuellen‹ Übersetzungsschwierigkeiten bereiten – dessenungeachtet triumphiert auch auf deutschen Siegessäulen die Victoria.

Der Begriff ›Pax‹ ist hierzulande so unbekannt nicht. In einem Titelkatalog von Friedensliteratur fand ich z. B. ›Pax wo bist du?‹ Ich halte es daher für gerechtfertigt, die Pax, die Erasmus uns präsentiert, nicht länger als ›deutschen Mann‹ vorzustellen, da ihr weibliches Wesen durch die klassische Allegorik begründet ist.

Älteste Quelle der Friedensgöttin ist Hesiods *Theogonie* aus dem siebenten vorchristlichen Jahrhundert: von Zeus und Themis (Göttin der ungeschriebenen Satzung) stammen die drei Horen: die Eunomia (Ordnung), die Dike

(Gerechtigkeit) und die blühende Eirene (die Göttin des Friedens); sie hegen die Werke der Sterblichen. – Allein die Friedensgöttin bekam ein Attribut, das mit blühend oder prangend zu übersetzen ist. Soweit Hesiod. – Die Bezeichnung ›Horen‹ hatte ursprünglich etwas mit den Jahreszeiten zu tun, mit der Zeit, die etwas reifen läßt, mit der Ordnung der Natur. Die Horen sind die segenspendenden Hüterinnen der Himmelstore. – Die Eirene wurde auf altgriechischen Erntefesten gefeiert. Als Segensattribut hält die Friedensgöttin den Ölzweig – die Lebensrute – ; ein Speer ohne Spitze ist ihr Zepter, ein Füllhorn mit Früchten und Blumen symbolisiert ihre erfreulichen Gaben. Die römische Friedensgöttin Pax ist mit der griechischen Eirene weitgehend identisch.

Hesiod war für Erasmus kein Unbekannter. In einem Brief von 1506 kritisiert er verschiedene Hesiod-Übersetzer. Es wird sogar vermutet, daß Erasmus das Motiv der Pax-Klage aus einer weiteren Dichtung des Hesiod schöpfte. In *Werke und Tage* (Zeile 220 ff.) schildert Hesiod, wie die vertriebene Gerechtigkeit weinend durch die Städte läuft und sich später bei Zeus beklagt. In ihrem Schutz blüht der für Stadt und Bürger, und besonders für die Jugend, Gedeihen bringende Friede. Das sind bei Hesiod nur ganz wenige Zeilen. Anders als die Friedensgöttin nimmt die Gerechtigkeit, in Nebel gehüllt, Rache an ihren ungerechten, korrupten Vertreibern.

Auf dem Marktplatz in Athen stand seit dem 4. vorchristlichen Jahrhundert eine Bronzestatue der Friedensgöttin, die auf dem Arm das Plutoskind trägt als Sinnbild des begleitenden Reichtums. Eine römische Marmor-Nachbildung des Kephisodot-Originals findet sich heute in der Münchner Glyptothek. Sie ist wohl, abgesehen von Münzprägungen, die einzige aus der Antike erhaltene bildliche Darstellung der Friedensgöttin.

Einen repräsentativen Friedensaltar hatte Kaiser Augustus im Jahre 9 vor Christus auf dem Marsfeld in Rom erbaut. Diese Ara Pacis wurde erst 1947 aus den Ausgrabungen rekonstruiert. Von jenen Kunstwerken kann Erasmus also nichts gewußt haben, außer über Ovids *Fasten-Lied* für den Altar des Friedens: »Mit einem Laubkranz aus Actium im Haar, nahe dich Pax, und bleibe friedvoll in der ganzen Welt.«[20]

Aber eine andere einzigartige Darstellung der Friedensgöttin mag Erasmus eventuell gekannt haben. Ich denke an die ›Sala della Pace‹, die Friedenshalle im Stadthaus von Siena. Auf drei Wänden der Halle sind in prächtiger Freskomalerei gutes und schlechtes Regiment in allegorischen Bildern gegenübergestellt. Inmitten des guten Regiments sitzt, über verrosteter Rüstung an ein weiches, rosa Ruhekissen gelehnt, die mit blühenden Ölzweigen bekränzte Pax. Sie hält einen großen Olivenzweig in der Hand. Auf einer Bank neben allen Tugenden trägt sie allein ein herausleuchtendes, weißes Gewand (die ›Wappenfarbe‹ des Friedens). Über ihrem Kopf steht auf dunklem Hintergrund in goldenen Lettern PAX. Eindrucksvoll beherrscht diese im Ruhepol befindliche Gestalt der Friedensgöttin das Bild der Halle im Palazzo Pubblico in Siena.

Der Pax zur Rechten amtiert Justitia mit offenen Augen; die Weisheit über ihr, die Eintracht unter ihr helfen, die riesige Waage in Balance zu halten; Concordia überreicht den

24 Magistratsherren (der Pax zu Füßen) die Fäden der Rechtswaage. – Der Pax zur Linken sitzt, umgeben von Tapferkeit, Weisheit, Hochherzigkeit, Mäßigung und Gerechtigkeit, der gute Regent; über ihm schweben Glaube, Liebe, Hoffnung als christliche Tugenden.

Wo Friede herrscht und gutes Regiment, bestellen die Bauern in Sicherheit ihre Felder; Kaufleute ziehen ohne Furcht mit ihrer Ware, Mädchen tanzen im Reigen durch die Straßen: dies als Thema einer Seitenwand. – Die Ausmalung der ›Sala della Pace‹ ist ein Werk Ambrogio Lorenzettis und entstand 1338/39.

Bei seinem Italienaufenthalt wohnte Erasmus 1509 mehrere Monate in Siena. Ich halte es für sehr wahrscheinlich, daß Erasmus die ›Sala della Pace‹ sah, auch wenn darüber nichts berichtet ist. Aus dieser Zeit sind von ihm keine Briefe erhalten.

In Siena war Erasmus mit dem damals 16jährigen schottischen Königssohn Alexander Stuart zusammen, dessen früher, sinnloser Tod auf dem Schlachtfeld von Flodden, vier Jahre später, Erasmus sehr schmerzte. Erasmus und sein Privatschüler verstanden sich ausgezeichnet; und dem jungen Stuart mangelte es nicht an Unternehmungslust. Die beiden zogen wie Touristen durch Rom und wanderten südwärts bis Neapel und zur Grotte der Sibylle von Cumae. Es wäre seltsam, wenn sie die großartige ›Sala della Pace‹ in Siena übersehen hätten.

Die unermüdliche, sehnsüchtige Suche nach einem Ruheplatz bildet den spannendsten Teil in der Klage der Pax. – Das Idealbild von der in gelöster Ruhe befindlichen Pax in Siena mag dem Erasmus vor Augen geschwebt haben.

Was ist Friede? – Ist das ein Ansatz für eine Meinungs-umfrage? Oder soll die Frage Anstoß zu einer tiefsinnigen, vielleicht unbeendbaren Philosophie geben? – Erasmus hätte vor dieser Methode, an das Thema Frieden heranzu-gehen, gewarnt. Nach langem Studium in Paris hatte er mit den sophistischen Spitzfindigkeiten der Scholastik schlechte Erfahrungen gemacht. So mokiert er sich in seinen Vor-reden zum Neuen Testament mit Rückgriff auf Chryso-stomus über Philosophen, die über Tugend diskutieren und »in unlösbarem Gezänk streiten, was moralisch gut sei und worin jenes ›to agathón‹ bestünde. Und obwohl man die Tugend üben muß, verwenden diese ihre ganze Zeit dar-auf, ausfindig zu machen, was die Tugend sei.«[21] – Erasmus läßt abstrakte Theorie bewußt bleiben. Er, der gewiß mehr als andere seiner Zeit über das chronische Problem der Menschheit ›Friede‹ nachgedacht hat, wählt eine besonders lebendige Form, über das Thema zu reden: der Friede – die Pax – spricht in Person. Mit der Selbstverständlichkeit ihrer antiken bildhaften Vorstellung spricht die Pax die sterb-lichen Menschen an und führt ihnen den Wahn, sich die segensreiche Friedensquelle selbst zu verstopfen – das Pa-thologische, Abartige ihrer Kriegsbereitung, das Fehlkalkül ihrer übersteigerten Rüstungsausgaben – mit reichlichen Belegen vor Augen. Die sterblichen Menschen, das sind eben auch wir, die wir das hören und das Problem – mehr als 450 Jahre danach – noch nicht gelöst, sondern zur Spitze getrieben haben.

Die Frage »Was ist Friede?« bleibt bei Erasmus nicht unbeantwortet. Besser vielleicht gefragt: Was kann Friede sein? Das für die menschliche Gemeinschaft so notwendige einander Wohlwollen, der Anspruch, als Mensch ›human‹ zu sein, und das Gebot derer, die sich zur Lehre Christi bekennen: einander lieb und wert zu sein, geben dem Frieden zweimal seinen Inhalt. Von diesem Sinn her schließt der Friede den brutalen gegenseitigen Totschlag des Krieges aus.

In modernen Analysen des Friedensbegriffs kommt man immer wieder auf zwei Friedensdefinitionen: einen ›negativen Frieden‹, der heißt ›Nicht-Krieg‹ und schließt diktatorische Unrechtszustände nicht aus; und einen ›positiven Frieden‹, in dem soziale Gerechtigkeit und bestimmte ethische Werte verwirklicht werden, voran die Menschenrechtsforderung nach Freiheit, Gleichheit, Brüderlichkeit.

Erasmus ist nicht in diese ›Definitions-Sackgasse‹ geraten. Sein ›Friede‹ bleibt eine Einheit: er schließt Krieg aus und Brüderlichkeit ein. Im Zweifelsfall ist ein ungerechter Friede dem gerechtesten Krieg vorzuziehen.

Die Pax des Erasmus zeigt, trotz aller traurigen Erfahrung, die Hoffnung, daß die Menschheit die Möglichkeit hat, sich zur friedvollen Humanität zu finden. Die Pax resigniert nicht, sondern appelliert: alle müßten sich gegen den Krieg verschwören – den Krieg verfluchen – den Frieden von Herzen wünschen – den langen Kriegswahn endlich beenden – Konflikte schiedsgerichtlich lösen – und sich auf Konzilien gemeinsam um Eintracht bemühen. Das wäre der Weg.

Erasmus hat die Klage der Pax ganz als Rede konzipiert. Es kam mir bei der Übersetzung sehr darauf an, die Form der Rede zu erhalten, das heißt ihre Eignung zum Vortrag.

Erasmus weiß seine Gedanken klar darzustellen; aber

seine Sprache ist nicht simpel. Er spricht zwar unumwunden, aber farbig, brillant in der Formulierung, sehr bildreich. Ein einzelner Satz birgt oft eine Fülle von Inhalt. Wie man sich denken kann, ist es für Übersetzer des Erasmus nicht ganz einfach, den Sinn des Inhalts und die stilistische Eleganz vereint in die Landessprache zu übertragen (zum Beispiel ›wenn‹- oder ›daß‹-Konstruktionen nur zu bringen, wenn Erasmus sie bringt, und sie nicht unnötig zu häufen). Die lateinische Grammatik ist ja nicht gleich der deutschen. Es gibt aber einen Zugang zum Latein des Erasmus, den Rudolf Liechtenhan treffend charakterisiert: »...das Latein ist für ihn nicht tote Gelehrtensprache; es fließt mühelos, mit der Frische und Unmittelbarkeit einer lebendigen Sprache, aus seiner Feder. Erasmus hat seine Gedanken nicht in die lateinische Sprache übersetzt; er muß lateinisch gedacht haben.«[22] Es galt, die Gedankengänge des Erasmus so natürlich wie möglich im deutschen Nachvollzug wiederzugeben.

Zuallermeist sind die von Erasmus gewählten Metaphern beibehalten. Ein paarmal habe ich nach dem hier üblichen Sprachgebrauch gewandelt, z. B. ziemlich am Anfang, in dem äußerst langen Satz der Gegenüberstellung von Frieden und Krieg, gab ich in sinnverwandter Weise den Krieg (contra guter Quelle des Friedens) als »die Wurzel allen Übels« wieder. Wörtlicher heißt es bei Erasmus: »wenn all diesem entgegen, der Krieg ein für allemal gleichsam ein ›Ozean‹ ist von allen Übeln, die es irgend in der Natur gibt.« Dieses Bild ist durchaus eindrucksvoll. Aber der gesamte Satz hat in meinem Manuskript immerhin zwanzig Zeilen; und mit der »Wurzel« ließ er sich – ohne an Verständlichkeit einzubüßen – eben etwas straffen. Bei einer Rede muß man auch an die Puste des Vortragenden denken. Ich wollte diesen großartigen, zusammenhängenden Satz auf keinen Fall in kürzere Sätze zergliedern. Auch der Ausruf der Pax über die menschliche Unvernunft, sich statt des Friedens das Ungeheuer Krieg herbeizurufen: »grenzt das nicht an Wahn?«, entstand in etwas rhetorischer Kürzung. Ganz genau heißt es: »scheint das nicht der Höhepunkt einer Dementia?«

Aber solche kleinen Eingriffe sind eher Ausnahmen. Im allgemeinen richtete ich mich sehr genau nach Erasmus. Selbst aus »dem Streit um die Ziegenwolle« machte ich nicht, wie üblich, »des Kaisers Bart«; denn die bildlichen Ausdrücke, die Erasmus wählte, sind ja gerade interessant.

Meiner Übersetzung zugrunde gelegt ist der lateinische *Querela Pacis*-Text aus den gesammelten Werken des Erasmus: Opera omnia IV 625–642 / Leiden 1703–1706.

»Wohin ich schaue, ist alles anders geworden, ich stehe auf einer anderen Bühne und blicke in ein anderes Publikum, ja in eine andere Welt«[23] würde Erasmus (wie einst im *Ciceronianus*) uns Heutigen wohl sagen. Und es würde ihn wahrscheinlich auch gar nicht so sehr wundern, wenn manche seiner mehr zeitbezogenen Anspielungen nicht immer richtig gedeutet werden. Wie etwa die Empfehlung: falls das ständige Kriegführen eine unheilbare Geisteskrankheit sei, diese dann eher an den Türken auszutoben. Das war natürlich Ironie. Denn so wollten sich Kreuzzugs-Troubadoure vom alten Schlag sicher nicht verstanden wissen. Erasmus hatte zum Türkenkrieg bereits im *Dulce bellum inexpertis* unmißverständlich seine Meinung gesagt. – Das Problem

Türkenkrieg war damals akut. Folgender Auszug aus seinem späteren *Traktat über das Gebet* mag des Erasmus' Einstellung erhellen: »Bete lieber darum, daß den Herrschern Weisheit gegeben werde, als Sieg im Kampf. Bete nicht nur für einen einzelnen König, sondern für alle Herrscher und für die Türken, daß ihnen Barmherzigkeit zuteil werde anstatt Vernichtung.«[24]

Mir ging es darum, diese klassische Friedensschrift ganz auch als Friedensappell für unsere Zeit hörbar zu machen. Die Pax sucht immer noch nach Asyl. An der Asylgewährung hängt schließlich unsere Existenz – ›Give Peace a chance!‹

An Gerhard Geldenhauer, den Überbringer des handgeschriebenen Manuskripts für den Bischof von Utrecht, schrieb Erasmus:

Ich bin überaus froh, wenn das Büchlein von der Querela Pacis *dem Besitzer nicht mißfallen hat, und verspreche mir, schon bald die Frucht dieser Arbeit in großem Überfluß zu genießen, darum wünschte ich als einzigen Beifall, daß dies gern von ihm angenommen wird...* [25]

Löwen, den 16. November 1517   Erasmus Roterodamus

Ich möchte mich diesem Wunsch, in Anrede der neuen Besitzer dieses Büchleins, anschließen.

Brigitte Hannemann

Erasmus von Rotterdam
Die Klage des Friedens

Die Klage der Friedensgöttin, die von allen Nationen verbannt und niedergeschlagen wird

(Pax spricht:)

Wenn mich unschuldig zu verjagen für die Sterblichen günstig wäre, würde ich nur beklagen, daß mir Unrecht und Härte zuteil wird. Nun aber verstopfen sie mit meiner Vertreibung sich selbst die Quelle alles menschlichen Glücks und verschaffen sich eine Flut von Unheil, da muß ich über das Unglück jener mehr Tränen vergießen als über meinen Schaden. Ich bin bewegt, die zu bedauern, über deren viele Übeltaten ich, ihr trauriges Opfer, in Zorn geriet. Es ist nämlich in jedem Fall unmenschlich, einen lieben Freund fortzustoßen, ist undankbar, sich abzuwenden von einem, der sich löblich verdient machte, ist ruchlos, den Stifter und Erhalter von allem in Ketten zu legen. Die außerordentlichen Annehmlichkeiten, die ich mit mir bringe, sich selbst vorzuenthalten und sich statt dessen ein viermal Verderben bringendes Ungeheuer herbeizurufen, grenzt das nicht an Wahn? Schurken zürnt man, aber den von Furien Getriebenen kann man doch nur noch beweinen. Ja, sie sind namentlich zu beweinen, weil sie sich selbst nicht beweinen, und sie sind deshalb besonders unglücklich, weil sie ihr eigenes Unglück nicht wahrnehmen, da es der erste Schritt zur Genesung ist, wenn man erkennt, wie krank man ist.

Denn wenn ich da die Pax bin, die Götter- und Menschenstimmen lobten, die Quelle, die Mutter, die Amme, die Förderin und Beschützerin aller guten Dinge, die der Himmel und die Erde haben, wenn ohne mich nichts je blüht, nichts sicher, nichts rein oder heilig ist, nichts den Menschen förderlich noch den Göttern gefällig: wenn all diesem entgegen, der Krieg ein für allemal die Wurzel allen Übels ist, wenn durch seine Schuld die Blumen plötzlich welken, das Gediehene zerfällt, die Stützpfeiler wanken, das Wohlgegründete umkommt, das Süße verbittert, schließlich, wenn die Sache dermaßen unheilig ist, daß sie wie eine große Pest auf Frömmigkeit und Religion wirkt, wenn nichts für Menschen so unglückselig ist wie bereits ein einziger Krieg, nichts den Himmlischen verhaßter, ich frage beim unsterblichen Gott, wer glaubt, daß dies Menschen seien, wer glaubt, daß irgendein Körnchen gesunden Verstandes in denen sei, die mich in meiner Beschaffenheit mit solchem Aufwand, solchem Eifer, derartigen Anstrengungen, soviel Technik, Vorsorge und Wagemut zu vertreiben trachten und so sehr wünschen, das Schlechte zum höchsten Preis zu erwerben?

Würden mich die wilden Tiere in der Weise verschmähen, trüg ich's leichter, rechnete es ihrer angeborenen, unsanften Natur zu. Wäre mir das sprachlose Vieh feindlich, vergäbe ich den Unverstand, deswegen nämlich, weil es keine Geisteskraft hat, mit der allein es meine Vorzüge erkennen könnte. Aber! o schmachvoller und ganz ungeheuerlicher Zustand, ein Lebewesen erzeugte die Natur, das mit Vernunft begabt und empfänglich für göttlichen Geist ist, eines brachte sie hervor für Wohlwollen und Herzensfreundschaft – und dennoch: bei den grimmigen Wildtieren oder bei dem stumpfsinnigen Stallvieh würde ich eher einen Platz finden als bei den Menschen.

Bereits bei den vielen Gestirnen, denen weder der gleiche Lauf noch dieselbe Stärke möglich ist, herrscht, trotz ihrer großen Zahl, doch schon eine übereinstimmende Welt und ein Gesetzesbündnis. Der Elemente sich widerstrebenden Kräfte bewahren durch Gleichgewicht einen ewigen Frieden und bringen, bei allem Zwist, durch Zusammenstimmen und Wechselbeziehung eine Harmonie hervor. Bilden nicht im Körper eines Lebewesens die Glieder unter sich eine zuverlässige Einheit, bereit zu gegenseitigem Schutz? Was ist so verschieden wie Leib und Seele? Mit welcher Notwendigkeit die Natur diese beiden fest verknüpfte, bekundet jedoch zweifellos deren Trennung. Wie demnach das Leben nichts anderes ist als die Gemeinschaft von Körper und Seele, so ist die Gesundheit der Zusammenklang aller körperlichen Qualitäten. Die vernunftlosen Tiere sind innerhalb ihrer eigenen Art friedsam und einig. In Herden leben die Elefanten, in Scharen weiden die Schweine und Schafe, im Schwarm fliegen Kraniche und Dohlen, die Störche – immer noch Inbegriff des Familiensinns – haben ihre Sammelplätze, die Delphine beschützen sich mit gegenseitiger Hilfe; bemerkenswert sind die unter sich einträchtigen Staaten der Ameisen und Bienen. Aber, was zähle ich deren alle auf, obgleich ihnen die Vernunft fehlt, so fehlt ihnen doch nicht das Gefühl.

Gar bei Bäumen und Kräutern ist Freundschaft erkennbar. Einige bleiben fruchtlos, wenn kein männliches Exemplar dazwischen steht; der Wein umschlingt die Ulme, den Wein liebt der Pfirsich. Allenthalben scheinen die, die nichts fühlen, doch die Wohltaten des Friedens zu spüren. Aber, ob ohne Denkkraft, ob ohne Sinne, sie sind sich verwandt, weil sie doch Leben haben.

Was ist so unbeweglich wie die Klasse der Gesteine? Es läßt sich dennoch sagen, daß ihnen irgendwelche Wahrnehmungen von Friede und Eintracht innewohnen müssen. Wie denn zieht der Magnet das Eisen an?

Wie verhalten sich selbst die schrecklichsten Raubtiere? Die Löwen lassen ihre Roheit nicht unter sich aus. Der Eber stößt seine mörderischen Zähne nicht in einen Eber, der Luchs hat Frieden mit dem Luchs, die Schlange versehrt nicht die Schlangen, die Eintracht der Wölfe ist sogar sprichwörtlich. Ich möchte hinzufügen, was noch erstaunlicher ist, daß die bösen Geister, durch welche die Einigkeit von Gott und Menschen zuerst zerrissen wurde und noch heute zerrissen wird, gleichwohl unter sich ein Bündnis haben und durch Konsens ihre wie nur immer beschaffene Tyrannei behaupten.

Einzig die Menschen, denen unter allen am meisten die Einmütigkeit gemäß wäre und die ihrer auch zuallererst bedürfen, verbindet weder die sonst so mächtige und einigende Natur noch die Erziehung, weder der Wunsch nach Fortschritt leimt sie zusammen noch zwingt sie schließlich die Wahrnehmung und Erfahrung des Unheils zur Nächstenliebe. Alle gleichen sich in Gestalt und Stimme, dagegen sind andere Tierarten unter sich hauptsächlich in der Körperform verschieden; nur Menschen besitzen ein Denkvermögen, das nur ihnen und nicht den übrigen Tieren eigen ist. Allein diesem Lebewesen ist die Sprache gegeben, die besonders als Freundschafts-Stifter geeignet ist. Einge-

reipublicæ, quod nihil ducebat antiquius sibi,pace pu
blica, hac quoqȝ in parte patré PHILIPPVM Burgun
diæ ducem referens,uirum nulla non re maximum,sed
tamé pacis artibus,cum primis insignem,& æternæ ho⸗
minuin memoriæ commendatum, Qui tibi hoc etiam
impensius erit exprimendus, non tantum ut filius pa⸗
tri,sed ut PHILIPPVS Philippo respondeas.Intelligit
iam dudú tua prudétia,quid abste populus uniuersus
expectet,Triplex onus humeris sustines, patris exem⸗
plum ac fratris,tum horum temporum fata, (quid em̄
aliud dicam?) nescio quomodo ad bellum pertrahétia.
Vidimus ipsi nuper, ut quidá amicis quá hostibus gra⸗
uiores,nihil intétatú reliquerint,ne bellorú aliquan
do finis esset, rursus ut uix expresserint alij,
qui reipu.principíqȝ ex animo bene uolút,
ut pacem cum Francis semper optan⸗
dá, hisce uero temporibus etiam
necessariá amplecteremur.Cui
us sane rei indignitas mo⸗
uit animú meum, ut tú pacis
undiqȝ profligatæ querimoniam
scriberem, quo nimirum hac ratione,
iustissimum animi mei dolorem,uel ulcisce
rer,uel lenire.Libellú ad te, ceu primitiolas no
uo episcopo debitas,mitto,quo diligentius tueatur
tua celsitudo pacem utcunqȝ partam,si non patiar eam
obliuisci quáto negocio nobis cóstiterit.   Bene Vale.

Die zweite Seite des Widmungsbriefes an Philipp von Burgund
wurde in Form eines *Kredenzbechers* dargereicht.

pflanzt sind das Gemeingut des Wissens und der Keim der Tugend sowie ein sanftes und friedliches Naturell, das für ein gegenseitiges Wohlwollen wichtig ist und die Liebe füreinander fördert; auch ist es liebenswert, anderen sogar gratis zu dienen, wenn nur keiner durch schlimme Habsucht verführt, wie unter Circes Drogen, vom Menschen zum Ungeheuer entarten würde. Hier ist offensichtlich, warum allgemein alles, was das gegenseitige Wohlwollen betrifft, als ›menschlich‹ bezeichnet wird, so daß das Wort ›Humanität‹ nicht schon unsere Natur darlegt, sondern die seiner Natur würdige Gesittung eines Menschen. Man nehme die Tränen als Beweis, wie bewegbar die Gemütsart ist, wodurch, wenn jemandem etwa eine Kränkung widerfährt und die Heiterkeit der Freundschaft durch Wölkchen verdunkelt wird, er zur Versöhnung bereit ist. Sieh, auf wie viele Art und Weise lehrte die Natur die Eintracht? Doch mit diesen Reizen zu gegenseitigem Wohlwollen nicht genug, wollte sie, daß Freundschaft den Menschen nicht nur angenehm sei, sondern obendrein ein Bedürfnis. Darum sind bald die körperlichen, bald die geistigen Gaben derart verteilt, daß niemand mit allem voll ausgestattet ist, ja sogar durch den Dienst der Geringsten wird auch ein Beitrag geleistet. Es kommt nicht allen das gleiche zu, auch nicht gleichviel, auf daß diese Ungleichheit mit gegenseitigen Freundschaften ausgeglichen wird.

In verschiedenen Gebieten wächst Verschiedenes, daher lehrt wohl die Nutznießung selbst den wechselseitigen Handel. Den übrigen Lebewesen verlieh die Natur eigene Waffen und Schutzvorrichtungen, mit denen sie sich verteidigen können, einzig den Menschen erzeugte sie wehrlos und schwach, nicht anders geschützt als durch Bündnis und gegenseitige Beziehungen. Der Mangel ließ die Gemeinden erfinden und lehrte die Gemeinschaft untereinander, wodurch sie mit vereinten Kräften den Angriff von wilden Tieren und Räubern abwehrten. Soweit gibt es nichts in menschlichen Angelegenheiten, was sich selbst genügt. In seinen ersten Anfängen des Lebens wäre das Menschengeschlecht sogleich erloschen, wenn nicht die eheliche Eintracht die Schöpfung fortgepflanzt hätte. Der Mensch würde sicherlich nicht geboren werden oder würde frisch geboren umkommen und unmittelbar an der Schwelle seines Lebens das Leben verlieren, wenn nicht die Hebamme mit lieber Hand und wenn nicht die Amme mit lieber Pflichterfüllung dem Kindchen zu Hilfe eilten. Und noch dazu sind zu dessen Vorteil die sehr gewaltigen Keime der Elternliebe eingesät, damit die Eltern jenes sogar schon lieben, bevor sie es sehen. Hinzu kommt die Anhänglichkeit der Kinder an ihre Eltern; sie fordern durch ihre Hilflosigkeit deren Schutz heraus; damit sind dann allesamt gleichermaßen zufrieden. Bei den Griechen wird solche enge Verbundenheit übrigens ›Antipelargosis‹ genannt, d. h. Storchenliebe. Auch kommen noch die Bande der Verwandtschaft hinzu. Außerdem besteht bei sehr vielen eine Ähnlichkeit im Temperament, in den Vorlieben und im Äußeren, was sicher eine Zuneigung stiftet; bei vielen gibt es eine Art von geheimer Herzensempfindung und einen wunderbaren Antrieb zu gegenseitiger Liebe, was die Alten bewundernd einem göttlichen Wesen oder Genius zuschrieben.

Mit so vielen Mitteln lehrte die Natur Frieden und Eintracht, mit so vielen Lockungen lädt sie dazu ein, mit so vielen Stricken zieht sie, mit so vielen Gründen drängt sie dazu. Und nach all diesem: Welche der Furien pflanzte dennoch, um wirksam zu schaden, dies alles zerschlagend, zerstreuend, vereitelnd, eine unersättliche Kampfeswut in die menschliche Brust? Wenn nicht die Gewöhnung zuerst das Entsetzen und dann gar das Empfindungsvermögen für das Böse raubte, könnte man dann jene für mit menschlicher Vernunft begabt halten, die so uneinig Zank und Streit und Tumult veranstalten und sich in Kriegen bekämpfen? Zuletzt bringen sie mit Plünderung, mit Blutvergießen, durch Gemetzel und Zerstörung alles, das Sakrale und das Profane, durcheinander. Und kein noch so heiliger Vertrag stört jene Rasenden bei der gegenseitigen Vernichtung. Der gemeinsame Name Mensch müßte schon genügen, daß Menschen sich einigten.

Aber sei es auch, daß die Natur, die bei den Tieren so viel vermag, bei den Menschen nichts ausrichtet, bedeutet es denn wirklich nichts, daß bei den Christen Christus gilt? Mag die Unterweisung der Natur, die die größte Gewalt über jene hat, welche ohne Gedanken sind, nicht genug sein: Aber die Lehre Christi ist um so vortrefflicher; warum überzeugt sie nicht jene, die sich zu ihr bekennen, von dem einen, das sie vor allem rät, nämlich dem Frieden und gegenseitigen Wohlwollen, oder läßt sie doch wenigstens den gottlos und wild machenden Kriegswahn vergessen? Wenn ich das Wort Mensch höre, eile ich sofort herbei, wie zu einem eigens für mich geborenen Geschöpf, zuversichtlich, daß ich dort werde Ruhe finden können; wenn ich den Christentitel höre, fliege ich noch eilender heran, hoffend, ich könnte mich bei denen zweifellos sogar zur Herrscherin machen. Aber es beschämt und verdrießt mich, dies zu sagen: Marktplätze, Gerichtshöfe, Rathäuser und Kirchen hallen so wider vom lärmenden Streit auf allen Seiten wie nirgends sonst bei den Heiden. Bis dahin galt das Volk der Advokaten als mit einem Gutteil am menschlichen Unheil beteiligt, jedoch sind sie gar eine geringe Zahl und Einsamkeit im Strom der Prozessierenden. Erblicke ich eine Stadt, erhebt sich sogleich die Hoffnung, wenigstens zwischen denen gäbe es ein Übereinkommen, die von denselben Stadtmauern umgeben, von denselben Gesetzen geleitet werden und wie Passagiere in einem Schiff durch gemeinsame Gefahr verbunden sind. Aber, o ich Bemitleidenswerte! Ich erfahre, wie hier an jedem Ort alle durch Uneinigkeit verdorben sind, so sehr, daß es kaum möglich ist, irgendein Haus zu finden, in dem für mich ein paar Tage Platz wäre. Aber ich lasse das gemeine Volk, das von seinen Leidenschaften wie von der Meeresbrandung fortgerissen wird, und rette mich in die Fürstenhöfe gleichsam wie in einen sicheren Hafen. Bei denen, meint man, wird für den Frieden doch sicher eine Stelle sein, da sie mehr Einsicht haben als die große Masse, sie sozusagen der Geist und das Auge des Volkes sind. Sie walten als Stellvertreter dessen, der Lehrer und Herr der Eintracht ist, und von dem ich diesen unter allen besonders empfohlen bin. Und sie versprechen alles Gute. Ich sehe schmeichlerische Begrüßungen, freundschaftliche Umarmungen, fröhliche Trinkgelage und die sonstigen Formen der Höflichkeit. Aber, o Schande, auch bei ihnen ließ sich keine Spur von wahrer Eintracht finden. Alles Lug und Trug! Mit offenkundiger Parteilichkeit, durch heimliche Intrigen und Rivalitäten sind sie insgesamt korrupt. Schließlich muß ich erfahren, daß bei ihnen kein Wohnsitz für den Frieden ist, sondern vielmehr die Quellen und Pflanzschulen aller Kriege liegen. Wo soll ich Unglückliche mich hinwenden, nachdem mich die Hoffnungen so oft täuschten? Aber vielleicht sind die Herrscher eher stolz als gebildet und werden mehr durch ihre Leidenschaften bestimmt als durch die Urteilskraft des Geistes. Zur Schar der Gelehrten will ich meine Zuflucht nehmen! Die edlen Wissenschaften erheben die Menschen, die Philosophie vollendet die Menschen, die Theologie erhebt zum Göttlichen. Bei denen werde ich endlich, nach so vielen Irrwegen, zur Ruhe kommen. Doch, ach und weh! Sieh, da gibt's jetzt eine andere Art von Krieg, freilich weniger blutdürstig, jedoch nicht weniger irre. Eine Schule ist mit der anderen zerstritten, und als ob die Wahrheit der Dinge mit dem Ort verändert würde, so setzen gewisse Lehrsätze nicht über das Meer, einige übersteigen nicht die Alpen, manche schwimmen nicht über den Rhein, ja sogar in ein und derselben Universität ist mit dem Rhetoriker der Dialektiker im Krieg, mit dem Juristen der Theologe uneinig. Und das setzt sich auch innerhalb der gleichen Fachbereiche fort, mit dem Thomisten kämpft der Scotist, mit dem Realisten der Nominalist, mit dem Peripatetiker der Platoniker, in dem Maße, daß sie in den wirklich geringfügigsten Dingen nicht untereinander übereinkommen und oftmals über die Wolle der Ziegen abscheulich hitzig streiten, so lange, bis der Eifer des Streitgesprächs sich von der Argumentation zur Schmähung, von der Schmähung zur Handgreiflichkeit auswächst, und wenn sie die Sache auch nicht mit Fausthieben und Lanzen betreiben, so tilgen sie sich mit in Gift getauchten Schreibgriffeln aus, zerfleischen sich gegenseitig auf dem Papier, einer schleudert gegen den guten Ruf des andern die tödlichen Pfeile der Zunge. Wohin soll ich mich wenden, nachdem ich immer nur leere Worte erfahren mußte? Was bleibt übrig, als allein der heilige Anker Religion? Zwar kommt ihr Bekenntnis der ganzen Christengemeinde zu, dennoch ist denen, die vor aller Welt die Priesterwürde tragen, ein eigenes Gelübde mit Ehrentitel, Tracht und Zeremonien auferlegt. Aus der Ferne gesehen, gewann ich daher alle Hoffnung, ein Hafen sei für mich bereit. Die Kleider strahlen in Weiß, o meine Wappenfarbe, ich sehe Kreuze, die Symbole des Friedens, ich höre jene sich aufs liebenswürdigste Bruder nennen, Beweise außerordentlicher Nächstenliebe, ich höre Friedensgrüße, o herrlicher Segenswunsch, ich erkenne in allen Dingen eine Gemeinschaft, eine verbundene Bruderschaft, das gleiche Kloster, dieselben Gesetze, tägliche Zusammenkünfte. Wer würde hier nicht vertrauen, daß es der rechte Ort für den Frieden sei? Aber, o Schande, fast nirgends einigt sich das Priesterkollegium mit dem Bischof, hiermit nicht genug, sind sie untereinander in Parteien zerspalten. Wie wenige Priester gibt es, die nicht mit anderen Priestern im Streit liegen? Paulus bewertet die Sache als untragbar, daß ein Christ mit einem Christen hadert, nun aber streitet der Priester mit dem Priester, der Bischof mit dem Bischof? Wahrhaftig, mancher mag es vielleicht auch verzeihlich finden, daß sie durch bereits lange Gewohnheit beinahe in eine Gemeinschaft von Heiden abgeirrt sind, seit sie ebenso wie jene Besitz haben. Laß sie meinetwegen ihr Recht genießen, das sie, als ob es eine Vorschrift wäre, für sich beanspruchen. Es bleibt noch eine Sorte von Menschen, die so fest an die Religion gebunden sind, daß sie die, selbst wenn sie es wünschten, durchaus nicht abzuschütteln vermöchten, wirklich ebensowenig wie eine Schildkröte das Gehäus. Ich würde hoffen, bei diesen werde für mich ein Platz sein, wenn mich nicht die so oft getäuschte Hoffnung gelehrt hätte, ganz zu verzweifeln. Und doch, um nichts unversucht zu lassen, wollt' ich es probieren. Du fragst nach dem Ergebnis? Von nichts habe ich eher abgelassen. Denn was kann ich dort erwarten, wo Religion mit Religion zerfallen ist? So viele Parteien gibt es, wie es Ordensgemeinschaften gibt, die Dominikaner sind mit den Minoriten uneins, die Benediktiner mit den Bernardinern, so viele Namen, so viele Trachten, so viele Vorlieben für verschiedene Zeremonien gibt es; sie kommen überhaupt nur zusammen, um sich selbst zu gefallen, das Fremde verurteilt und schmäht ein jeder. Ja, es wird sogar die Ordensgemeinschaft auf gleiche Weise in Parteien zerspalten, die Observanten setzen den Coleten zu, und jeder von beiden einer dritten Klasse, die den Beinamen ›Konvent‹ – ›Übereinkunft‹ – hat, obwohl sie miteinander überhaupt nicht übereinkommen. Wie ist es nunmehr, nach dem Mißtrauen an allen Dingen, gerade wünschenswert, sich wohl irgendwo in einem Klösterchen versteckt zu halten, das wirklich ruhig ist. Ungern möcht' ich es sagen, ach wär es nur nicht die volle Wahrheit, ich fand bisher keines, das nicht im Innern von Haß und Zank infiziert war. Eine Schande ist es aufzuzählen, für welch ein Nichts von Schwätzerei und dummem Zeug bejahrte Männer, ehrwürdig mit Bart und Kutte, wie viele Kämpfe hervorriefen und sich zuletzt noch sehr gelehrt und heilig dünken. Da winkt mir eine große Hoffnung, irgendwo inmitten der vielen Ehen wird mir ein Platz gewährt werden. Versprechen dies denn nicht die gemeinsame Wohnung, das gemeinsame Glück, das gemeinsame Bett, die gemeinsamen Kinder? Läßt schließlich das gegenseitige Recht auf den persönlichen Körper sie nicht eher für einen aus zweien verschmolzenen Menschen statt für zwei halten? Auch hierher schlich sich die berüchtigte Eris, die unheilvolle Göttin der Zwietracht, ein und trennt die mit so vielen Banden einander Verbundenen durch die Uneinigkeit der Seelen. Und doch ist unter diesen eher ein Platz zu erlangen als unter jenen, die sich mit so vielen Titeln, Abzeichen und Zeremonien offen zur absoluten Nächstenliebe bekennen.

Schließlich begann ich zu wünschen, daß mir wenigstens in eines Menschen Brust ein Platz gegeben wird. Dies glückte allerdings nicht; der Mensch kämpft gleichwohl mit sich selbst, die Vernunft führt Krieg mit den Leidenschaften, und obendrein geraten die Leidenschaften untereinander in Konflikt, während zum einen das Pflichtgefühl ruft, zieht die Begierde anderswohin, wieder dagegen rät einmal die Laune, ein andermal der Zorn, einmal der Ehrgeiz, ein andermal die Habsucht. Und obwohl sie so geartet sind, schämt es diese dennoch nicht, sich Christen zu nennen, obgleich sie in jeder Weise dem widersprechen, was das ureigene Prinzip Christi ist. Ist dessen ganzes Leben als etwas anderes zu betrachten als eine Unterweisung zu Eintracht und gegenseitiger Liebe? Was denn anderes prägen seine Lehren, was seine Gleichnisse ein als Frieden, als gegenseitige Nächstenliebe? Als jener erwählte Prophet Jesaja, vom göttlichen Geist erfüllt, das Kommen dieses Christus als des Versöhners der ganzen Welt verkündigte, verhieß er da etwa einen Statthalter? Oder etwa einen Städtezerstörer, einen Krieger oder Triumphator? Keineswegs. Was also denn? Den Friedefürsten. Weil er ja unter allen den besten Fürsten erkennen lassen wollte, wies er auf das hin, was er für das Beste hielt. Dieses Bild des Jesaja ist nicht verwunderlich, da selbst der heidnische Dichter Silius folgendes von mir schrieb: »Der Friede ist die beste Sache, welche die Natur den Menschen gab.« Hierin stimmt jener mystische Zithersänger ein: »Im Frieden ist ihm eine Stätte bereitet.« Im Frieden, sagt er, nicht in Zelten, nicht in Heeresquartieren. Er ist ein Fürst des Friedens, er liebt den Frieden, er wird durch Zwietracht abgestoßen. Jesaja wieder: das Werk der Gerechtigkeit heißt Frieden. Die gleichen Gedanken äußerte, wenn ich mich nicht täusche, der Paulus, der selbst vom stürmischen Saulus zu einem Ruhigen und einem Apostel des Friedens bekehrt ward, wenn er die Nächstenliebe allen übrigen Gaben des Heiligen Geistes voranstellte; mit welchem Herzen und welcher Beredsamkeit ließ er meine Lobrede auf die Korinther herabtönen? Warum soll ich mich denn nicht rühmen, daß ich von einem so vortrefflichen Mann so sehr gepriesen bin? Derselbe spricht einmal den Gott des Friedens an, ein andermal ruft er den Frieden Gottes herbei, offen anzeigend, daß diese beiden so unter sich verbunden sind, daß da Friede nicht sein kann, wo Gott nicht beisteht, und Gott daselbst nicht sein kann, wo sich der Friede nicht einstellt. Und ebenso lesen wir in der Heiligen Schrift, daß die frommen Diener Gottes »Engel des Friedens« genannt werden, damit offenbar werde, als wessen Gefolgschaft die Engel des Krieges zu verstehen sind. Vernehmt es, Ihr rüstigen Krieger, schaut an, unter wessen Fahne Ihr dient, ohne Zweifel gehört sie dem, der als erster die Zwietracht zwischen Gott und dem Menschen säte. Was nur immer die Menschheit an Unheil zu spüren bekam, muß sie dieser Zwietracht zuschreiben. Frivol ist es, wenn z. B. einige vorschwätzen, in der Bibel sei vom »Gott der Heere« und vom »Gott der Rache« die Rede. Es ist nämlich ein ziemlich großer Unterschied zwischen dem Gott der Juden und dem Gott der Christen, wenn es auch seinem Wesen nach ein und derselbe Gott ist. Oder, wenn uns auch die Titel der Alten gefallen, meinetwegen sei es der »Gott der Heerscharen«, nur stelle man sich unter dem Heer einen Chor der Tugenden vor, unter dessen Schutz fromme Menschen die Laster abwälzen. Sei es der »Gott der Rache«, nur deute man die Strafe als eine Zurechtweisung der Laster, gleichwie die grausamen Verwüstungen, von denen die Bücher der Hebräer voll sind, nicht als eine Zerfleischung von Menschen zu beurteilen sind, sondern als Niederdrückung der sündigen Regungen in der Brust. Aber, um unser Vorhaben weiter zu verfolgen, so oft wie die Heiligen Schriften das vollkommene Glück bezeichnen, verkünden sie dies mit dem Namen des Friedens. Zum Beispiel Jesaja: »Mein Volk«, heißt es, »wird in der Schönheit des Friedens weilen.« Und ein anderer sagt: »Friede sei über Israel.« Wiederum bewundert Jesaja die Fußboten, die Frieden verkündigen, die Gutes verkündigen.

Jeder, der Christus verkündigt, verkündigt Frieden. Jeder, der den Krieg rühmt, rühmt denjenigen, der Christi Widersacher ist. Nun wohlan, welche Dinge hätten Gottes

Sohn auf die Erde gelockt, außer, daß er die Menschheit mit dem Vater versöhne? Daß er die Menschen unter sich durch gegenseitige und unauflösliche Nächstenliebe eng verbinde? Schließlich, daß er sich selber den Menschen zum Freund mache? Mir zuliebe ward er gesandt, meine Arbeit führte er fort. Und deshalb wollte er auch, daß Salomo ihm verglichen würde, der uns als ›Eirenopoios‹, d. h. Friedensstifter, gepriesen wird. Obwohl David groß war, durfte er jedoch, weil er ein Kriegsmann war, weil er von Blut unrein geworden war, das Haus des Herrn nicht bauen, gebührte es ihm nicht, die Sinnbild-Rolle des Frieden bringenden Christus zu spielen. Nun erwäge unterdessen, Du Krieger, wenn Kriege, die auf göttliches Geheiß hin unternommen und geführt wurden, entheiligen, was bewirken dann die, zu denen der Ehrgeiz, der Zorn, die Kampfwut raten? Wenn den frommen König das vergossene Blut der Heiden befleckte, was bewirkt viel mehr das ungeheure Vergießen von Christenblut? Ich bitte Dich inständig, christlicher Regent, wenn Du nur aufrichtig ein Christ bist, betrachte das Bildnis Deines Regenten, beachte, wie er seine Herrschaft antrat, wie er fortschritt, wie er von hier schied, und Du wirst dann erkennen, wie er Dich walten lassen will, zweifellos so, daß Deine ganze Sorge Friede sei und Eintracht. Schon bei der Geburt Christi, ließen da die Engel etwa die Kriegstrompeten ertönen? Das Geschmetter der Trompeten bedeutete den Juden einen Auftakt zum Kriegführen. Dies stimmte mit den Vorzeichen überein, durch die es göttliches Recht war, Feinde zu hassen: Aber einem Frieden stiftenden Volk singen die Engel des Friedens ganz andere Lieder. Blasen sie denn zum Angriff? Verheißen sie etwa Siege,

Triumphzüge und Trophäen? Wohl kaum. Was denn? Den Frieden möchten sie ankündigen in Übereinstimmung mit den Weissagungen der Propheten; und nicht denen gilt die Verkündigung, die nach Mord trachten und nach Krieg, die unerschrocken nach Waffen verlangen, sondern denen, die mit gutem Willen zur Eintracht geneigt sind. Die Sterblichen mögen ihre krankhafte Sucht bemänteln, wie sie wollen, wenn sie am Krieg nicht Gefallen fänden, würden sie sich untereinander nicht so mit dem Kriegsjoch zerrütten. Ferner, als Christus selbst schon erwachsen war, was lehrte er anderes, was brachte er anderes zum Ausdruck als Frieden? Mit dem Wunsch des Friedens grüßt er wiederholt die Seinigen, »Friede sei mit Euch«, und er schreibt diese Grußform ebenso den Seinen vor, gleichsam als den Christen einzig würdig. Und die Apostel haben seine Regel nicht vergessen, den Frieden setzen sie als Eingangsformel ihren Briefen voran, den Frieden wünschen sie denen, die sie äußerst hochschätzen. Eine vortreffliche Sache wünscht, wer Wohlergehen wünscht, aber das höchste Glück erbittet der, der um Frieden betet. Dies hat jener im ganzen Leben so oft empfohlen, siehe, mit wieviel Besorgnis der Todgeweihte anvertraut: »Liebet einander«, sagt er, »so wie ich euch geliebt habe.« Und wieder: »Meinen Frieden gebe ich euch, den Frieden lasse ich euch.« Hört Ihr, was er den Seinen hinterließ? Sind es denn Reiterei, Garde, Kaiserreich oder Streitkräfte? Nichts dergleichen. Was also? Den Frieden gibt er, den Frieden läßt er: den Frieden mit den Freunden, den Frieden mit den Feinden. Ich möchte, daß Ihr mir außerdem das beachtet, was er beim Abendmahl, als ihm der Tod schon bevorstand, mit dem höchsten der Gebete vom Vater erflehte. Ich meine, er forderte nicht gerade eine gewöhnliche Sache, weil er wußte, was immer er erbitte, würde ihm erfüllt. »Vater«, sagte er, »Du Heiliger, erhalte sie in Deinem Namen, daß sie eins seien gleich wie wir.« Sieh bitte, welch eine ausgezeichnete Einigkeit Christus unter den Seinen verlangte: er hat nicht gesagt, »daß sie einmütig seien«, sondern »daß sie eins seien«; und dies nicht auf beliebige Art, sondern »gleich wie wir«, sagt er, »eins sind«, »die wir auf vollkommenste und unsagbare Weise gleich sind«; und zugleich verrät er jenes, daß die Sterblichen hier nur auf dem einen Wege zu retten seien, wenn sie untereinander Frieden halten. Wenn nun aber die Herrscher dieser Welt die Ihren mit Abzeichen irgendwie kenntlich machen, damit sie, zumal im Krieg, von den anderen unterschieden werden können, sieh, mit welchem Kennzeichen schließlich Christus die Seinen auszeichnete, mit keinem anderen offensichtlich als dem der gegenseitigen Nächstenliebe. »Durch diesen Beweis«, sagt er, »werden die Menschen euch als meine Jünger erkennen, nicht, wenn ihr euch so oder so kleidet, auch nicht, wenn ihr die oder die Speise genießt, nicht, wenn ihr so lange fastet und nicht, wenn ihr noch so viele Psalmen hersagt, sondern, wenn ihr einander liebt, und nicht eben auf gewöhnliche Weise, sondern so, wie ich euch geliebt habe.« Zahllos sind die Unterweisungen der Philosophen, vielseitig sind des Moses Verordnungen, noch umfangreicher die der Könige, »mein Gebot«, sagt er, »ist nur ein einziges: daß ihr einander liebhabt«. Auch als er den Seinen den Wortlaut des Betens vorschrieb, hat er da nicht schon gleich bei seinem wunderbaren Beginn zur christlichen Eintracht aufgefordert? Er sagt: »Vater unser.« Es ist das Gebet eines einzelnen, es ist eine allen gemeinsame Forderung, von einem Hause und der gleichen Familie sind alle, von einem Vater hängen alle ab, und wie ziemt es sich da, sich untereinander mit dem Joch des Krieges zu schlagen? Wozu bewegst Du mit dem Munde den gemeinsamen Vater, wenn Du das Schwert in Deines Bruders Eingeweide stößt? Nun, weil er ja dies eine vor allem anderen in den Seelen der Seinen ansiedeln wollte, wie viele Symbole, wie viele Gleichnisse, wie viele Lehren vom Erstreben der Eintracht prägte er ein? Sich nennt er den Hirten, die Seinen die Schafe. Und, ich bitte, wer sah jemals Schafe mit Schafen kämpfen? Oder was tun die Wölfe, wenn sich die Herde selbst untereinander zerreißt? Wenn er sich Weinstock nennt, die Seinen aber die Reben, was drückt er anderes damit aus als Einmütigkeit? Müßte es nicht als ein schlimmes, durch Opfer zu sühnendes Zeichen erscheinen, wenn an demselben Weinstock Rebe mit Rebe Krieg führte? Und das sei kein schreckliches Anzeichen, wenn Christ mit Christ kämpft? Schließlich, wenn etwas den Christen ganz hochheilig ist, gewiß hochheilig sein sollte und fest in ihren Seelen wohnen müßte, dann das, was Christus ihnen als letztes Gebot hinterließ, wie ein dichtgedrängtes Testament, und den Kindern darin anvertraute, wovon er wünschte, daß es bei ihnen niemals in Vergessenheit komme. Aber was denn anderes lehrt er sie, trägt er auf, schreibt er vor, bittet er, als gegenseitige Liebe untereinander?

Was bestimmte er mit jener hochheiligen Gemeinschaft des Mahls von Brot und Kelch anderes als die neue, unauflösliche Einigkeit? Weil er aber wußte, daß kein Friede bestehen kann, wo um Obrigkeitswürde, Ruhm, Reichtum und Vergeltung gehadert wird, darum riß er derartige tiefreichende Regungen aus den Seelen der Seinen, befahl im ganzen, dem Übel nicht zu widerstreben, erklärte, daß sie Böses mit Gutem vergelten sollten, wenn sie könnten, daß sie Gutes bitten sollten für die Fluchenden. Und nun möchten die sich als Christen ansehen lassen, die wegen der kleinsten sich erhebenden Ungerechtigkeit einen großen Teil der Welt in den Krieg hineinziehen? Er lehrt, daß der in seinem Volk der Vornehmste sei, der als Diener tätig ist und durch keine andere Sache die anderen übertrifft, als daß er rechtschaffener sei und vielen helfe. Und schämt es manche nicht, wegen eines winzigen Anhängselchens, das sie ihrem Besitztum hinzufügen möchten, so viel Kriegsgetümmel zu beginnen? Er unterweist, nach Art der Vögel und Lilien in den Tag zu leben. Verbietet, die Sorgen auf den kommenden Tag auszudehnen, will, daß sie ganz dem Himmel ergeben sind. Alle Reichen schließt er aus dem Reich des Himmels aus. Und da scheuen sich einige nicht, für eine nicht eingelöste kleine Geldschuld, die vielleicht nicht einmal geschuldet wird, so viel menschliches Blut zu vergießen? Aber heutzutage wird das sogar als Grund für das gerechteste Kriegs-Unternehmen angesehen. Christus agiert wirklich nicht eben in jener Weise, wenn er erklärt, daß sie wahrhaft das eine von ihm lernen sollen, sanftmütig zu sein und demütig. Wenn er geheißt, die Gabe auf dem Altar sein zu lassen und nicht eher zu opfern, als bis man mit dem Bruder versöhnt sei, lehrt er nicht offenkundig, daß die vorrangigste Sache die Eintracht sei, und daß Gott kein Dankopfer willkommen sei, wenn es nicht von mir empfohlen ist? Verschmähte doch Gott das jüdische Opfer, etwa ein Böckchen oder Schaf, wenn es von miteinander Zerstrittenen dargebracht wurde. Und die so unter sich Krieg führenden Christen wagen es, jenes hochheilige Weihopfer darzubringen?

Schon als er sich mit der Henne verglich, die ihre Küchlein unter die Flügel versammelt, mit welch einem passenden Symbol schilderte er die Eintracht? Er ist der Vereiniger der Schar, und wie paßt es, daß Christen Falken sind? Dazu trifft auch, daß er der Eckstein genannt wird, der zwei Mauern zusammenfügt und zusammenhält. Und wie ziemt es sich, daß dessen Gehilfen den ganzen Erdkreis unter Waffen bringen und ein Reich gegen das andere hetzen? Jenen höchsten Versöhner haben sie als Regenten, wie sie sich brüsten, und können sich selbst in keiner Beziehung versöhnen. Er versöhnte Pilatus und Herodes, und die Seinen kann er nicht zur Eintracht bringen? Petrus, der sich anschickte, seinen Herrn und Meister im Augenblick der höchsten Lebensgefahr zu verteidigen, wurde von dem Herrn selbst getadelt und gehalten, das Schwert zurückzustecken. Und Christen sind wegen der geringfügigsten Sachen immer bei der Hand, das Schwert zu zücken, und dies gegen Christen. Oder will jener etwa mit Hilfe des Schwertes verteidigt werden, der sterbend um Vergebung für die Anstifter seiner Hinrichtung betete? Alle Schriften der Christen, Du magst das Alte Testament lesen oder das Neue, lassen nichts anderes ertönen als Frieden und Einmütigkeit, und die ganze Welt der Christen betreibt nichts anderes als Kriege? Was ist denn das für eine mehr als tierische Wildheit, die durch so viele Dinge nicht überwunden noch besänftigt werden kann? Wohlan denn, entweder sollten sie lieber aufhören, sich mit dem Titel der Christen zu rühmen, oder durch Eintracht die Doktrin Christi bezeugen. Wie lange wird das Leben mit dem Wort kämpfen? Insigniert noch so sehr die Häuser und Kleider mit dem Bild des Kreuzes, kein Symbol wird Christus anerkennen, außer welches er selbst vorschrieb, nämlich das der Eintracht. Versammelt sahen sie ihn zum Himmel fahren, versammelt sollten sie den himmlischen Geist erwarten. Und unter den Versammelten versprach er, sich immer zu befinden, damit man nicht hoffen sollte, Christus könnte irgendwo in Kriegen zugegen sein. Nun, was ist jener »feurige Geist« anderes als Nächstenliebe? Nichts ist gemeinschaftlicher als Feuer; ohne irgendeinen Verlust wird Feuer an Feuer entzündet. Willst Du aber erfahren, wie jener Geist Eintracht erzeugt, sieh das Ergebnis: »Allesamt«, heißt es, »waren ein Herz und eine Seele.«

Entferne den Geist aus dem Körper, unmittelbar wird dieses ganze Gefüge der Glieder zerfallen. Entferne den Frieden, und die ganze Gemeinschaft des christlichen Lebens ist beendet. Der himmlische Geist wird heutzutage mit den vielen Sakramenten eingegeben, versichern die Theologen. Wenn sie die Wahrheit predigen, wo ist jenes außerordentlichen Geistes Wirkung: »ein Herz und eine Seele«? Wenn es aber Fabeln sind, warum wird diesen Dingen eine so große Ehrerbietung entgegengebracht? Und zwar möchte ich dies gewiß gesagt haben, damit sich die Christen ihrer Sitten mehr schämten, nicht, um die Sakramente irgendwie herabzuziehen. Nämlich, wenn Christus beschlossen hat, das christliche Volk Ecclesia [d. h. Gemeinde, Kirche] zu nennen, zu was denn sonst wollte er mahnen als zu Einmütigkeit? Wie passen Kriegslager und Ecclesia zusammen? Diese ruft zu freundlicher Annäherung, jenes zur Uneinigkeit. Wenn Du Dich rühmst, ein Teil der Ecclesia zu sein, was hast Du mit dem Krieg zu tun? Wenn Du von der Ecclesia entfernt bist, was hast Du mit Christus zu tun? Wenn allen dasselbe Haus gehört, wenn Ihr einen gemeinsamen Princeps habt, wenn Ihr alle demselben dient, wenn Ihr durch dieselben Sakramente geweiht seid, wenn Ihr Euch derselben Geschenke erfreut, wenn Ihr vom selben Sold genährt werdet, wenn man gemeinsam um Gunst bittet, wieso macht Ihr unter Euch Tumult? Wir sehen, daß da unter den gottlosen Kriegsgesellen, die für Lohn zum Dienst des Mordens gedungen sind, so große Einigkeit besteht, und zwar nur, weil sie unter derselben Fahne dienen – und die sich zur Frömmigkeit Bekennenden vermögen so viele Dinge nicht zusammenzuleimen? Erreicht man also wirklich nichts durch die vielen Sakramente? Die Taufe ist allen gemeinsam, durch welche wir in Christo wiedergeboren werden, aus der Welt herausgeschnitten, werden wir den Gliedern Christi eingepflanzt. Was aber kann so sehr eins sein wie die Glieder desselben Körpers? Deshalb ist folglich jemand auch nicht Sklave noch Freier, weder Barbar noch Grieche, auch nicht Mann noch Weib, sondern alle sind gleich in Christus, der alles zur Einigkeit bringt. Die Skythen verband ein ganz klein wenig gemeinsames Blut, das zwei aus einem Becher kosteten, so sehr, daß sie keineswegs zögerten, für den Freund zu sterben; sogar den Heiden ist die Freundschaft heilig, die ein gemeinsames Mahl gestiftet hat. Und die Christen vermag jenes Him-

melsbrot und jener mystische Kelch nicht in der Freundschaft zu vereinigen, die Christus selbst heiligt, die sie Tag
für Tag erneuern und mit den Meßopfern vergegenwärti-
gen? Wenn Christus daselbst nichts erwirkt, wozu noch
heute die Mühe mit den vielen Zeremonien? Wenn er die
Sache ernst nahm, weshalb kann sie von uns so geringge-
schätzt werden, als ob es auf Spielerei oder Theater hinaus-
liefe? Wagt sich jemand zu jenem heiligen Mahl, dem Symbol der Freundschaft, wagt sich dem Gastmahl des Friedens
zu nahen, der Krieg plant gegen Christen und gerüstet ist,
jene zu vernichten, für deren Errettung Christus gestorben
ist, das Blut derer zu vergießen, für die Christus sein Blut
vergossen hat? O ihr Herzen, seid ihr härter als Diamant,
in so vielen Dingen gibt es Gemeinschaft und im Leben so
eine unerklärliche Uneinigkeit? Für alle gilt das gleiche
Gesetz der Geburt, die gleiche Unabänderlichkeit des Al-
terns und Sterbens. Denselben Herrn haben alle Völker,
denselben Gründer der Religion, mit demselben Blut sind
alle erlöst, in die gleichen sakralen Geheimnisse sind alle ein-
geweiht, mit den gleichen Sakramenten gespeist, jede einzelne Gabe, die daraus kommt, entspringt derselben Quelle
und ist gleichermaßen allen gemeinsam. Alle bilden eine
große Gemeinde, die Kirche des Herrn, und schließlich haben alle die gleiche Gunst. Jenes himmlische Jerusalem, nach
dem die Christen sich aufrichtig sehnen, hat ja seinen Namen nach der Vision des Friedens, dessen Nachbild inzwischen die Kirche darstellt. Wie ist es möglich, daß diese so
sehr von ihrem Vorbild abweicht? Erreichte die an Mitteln
so erfindungsreiche Natur so lange nichts, richtete selbst
Christus mit so vielen Lehren, Mysterien und Symbolen

nichts aus? Ja »Unglück verbindet selbst auch die Bösen«, gemäß einem Sprichwort. Die Christen untereinander verbindet weder Gutes noch irgendein Unglück. Was ist zerbrechlicher, was vergänglicher als das menschliche Leben? Wie vielen Krankheiten daselbst, wie vielen Unglücksfällen ist es ausgesetzt? Und dennoch, obwohl es von sich aus mehr Plagen hat, als es tragen kann, verschaffen sich doch die Wahnsinnigen den größten Teil der Übel selbst. Von einer solchen Blindheit sind die Menschenherzen befallen, daß sie nichts davon erkennen. So blindlings werden sie hingerissen, daß sie alle natürlichen und christlichen Bande, alle Bündnisse zerreißen, zerschneiden und zerbrechen. Es stößt Volk mit Volk zusammen, Stadt mit Stadt, Partei mit Partei, Herrscher mit Herrscher, und wegen zweier schwacher Menschen, die wie Eintagsfliegen bald vergänglich sind, werden, ob nun aus Torheit oder aus Ehrsucht, die menschlichen Dinge von oben nach unten gekehrt.

Du magst die Kriegstragödien des Altertums außer acht lassen. Erinnern wir uns der Taten der letzten zehn Jahre, wo ist in einem Volk nicht zu Wasser oder zu Lande auf das grausamste gekämpft worden? Welcher Landstrich wurde nicht mit Christenblut befleckt? Welcher Fluß, welches Meer ist nicht mit menschlichem Blut gefärbt? Und, o Grauen, sie kämpfen schrecklicher als die Juden, als die Heiden, als die wilden Tiere. Solche Kriege, wie sie von Juden gegen Fremdvölker geführt wurden, wären von den Christen gegen die Laster zu führen; nun aber ist man sich mit den Lastern einig, mit den Menschen ist Krieg. Und die Juden zogen doch auf göttliche Weisung zum Kampf. Die verkehrten Christen werden, wenn Du die Bemäntelungen wegnimmst und die Sache der Wahrheit gemäß beurteilst, von der Ehrsucht fortgerissen, es treibt sie der schlechteste Berater, der Zorn, es lockt sie die unersättliche Gier nach Besitz. Und bei jenen war es auch meistens eine Angelegenheit mit Ausländern, die Christen haben mit den Türken ein Bündnis und unter sich Krieg. Schon die heidnischen Tyrannen stachelte meist das Verlangen nach Ruhm zum Krieg an, jedoch unterwarfen diese die Barbaren und verwilderten Volksstämme so, daß es förderlich war, besiegt zu sein, denn der Sieger war bestrebt, sich um die Besiegten wohl verdient zu machen. Sie waren bemüht, daß der Sieg, wenn möglich, unblutig sei, wodurch ihnen zugleich mit dem Sieg der Preis des ehrenvollen Nachruhms und den Besiegten das Wohlwollen des Siegers als Trost zukäme.

Es ist beschämend, daran zu denken, aus welch geringen, welch läppischen Gründen christliche Fürsten die Menschheit in den Krieg treiben. Hier irgendein veralteter oder fauler Titelanspruch, der gefunden oder erfunden wurde. Als ob es tatsächlich so groß zählte, wer die Regierung leitet, wenn nur für das Volkswohl recht gesorgt wird. Dort streitet einer um irgend etwas, das in einem Vertrag mit hundert Abschnitten übergangen wurde. Da ist jemand für seine Person erbittert wegen einer weggenommenen Braut oder einer zu freimütigen Äußerung. Das Frevelhafteste von allem betreiben die despotischen Ränke-Spieler, die, weil sie die Eintracht des Volkes als Schwächung, die Uneinigkeit aber als Festigung ihrer eigenen Macht empfinden, insgeheim bezahlte Kriegsaufrührer anstiften, wodurch sie zugleich freundschaftliche Bindungen vereiteln und auch das unglückliche Volk ungehemmter ausplündern können; dies besorgen einige der ärgsten Schurken, die sich vom Unglück des Volkes nähren, und für die es in Friedenszeiten in der Republik nicht viel zu tun gibt. Welche der tartarischen Furien vermochte derartiges Gift in Christenherzen zu geben? Wer lehrte die Christen eine solche Tyrannei, die weder ein Dionysius noch ein Mezentius noch ein Phalaris erfand? Eher Ungeheuer als Menschen sind das, einzig als Wüteriche berühmt, zu nichts gescheit, außer zum Schadenanrichten, und niemals einig, außer zur Unterdrückung der Republik. Und die sich solchermaßen betragen, werden für Christen gehalten, sie erdreisten sich, so von allen Seiten mit Menschenblut besudelt, in die heiligen Gotteshäuser und an die heiligen Altäre zu treten. O könnte man diese Pest auf die entferntesten Inseln verbannen! Wenn die Christen Glieder eines einzigen Körpers sind, warum begrüßt nicht jeder freudig das Gedeihen des anderen? Jetzt wird es beinahe als rechtmäßiger Beweggrund für einen Krieg angesehen, wenn im Nachbargebiet alles ein wenig blühender ist. Nämlich, wenn wir die Wahrheit gestehen wollen, was sonst bewegte und bewegt noch heute so viele zu den Waffen, um Frankreich herauszufordern, außer, daß es einzig unter allen Reichen am blühendsten dasteht? Keines erstreckt sich weiter, nirgends gibt es einen ehrwürdigeren Senat, nirgends eine berühmtere Universität, nirgends größere Einigkeit und daher auch höchste Macht. Nirgends genießen die Gesetze ebensoviel Ansehen, nirgends ist die Religion unangetasteter, es gibt weder eine Korruption durch den Handel der Juden wie bei den Italienern noch eine Infektion durch die Nachbarschaft von Türken und Mauren wie bei den Spaniern und Ungarn. Deutschland, von Böhmen möchte ich gar nicht reden, ist in so viele Klein-Reiche zerschnitten und hat nicht einmal den Anschein eines Königreichs. Frankreich, das allein wie eine unberührte Blüte christlichen Gebiets dasteht, und gleichsam wie die sicherste Burg, wofern etwa Stürme losgehen sollten, wird auf so viele Art und Weise angegriffen, mit so vielen Ränken bedroht, und um nichts anderes, als um dessentwillen es sich ziemen würde, zu gratulieren, wenn irgendeine Ader christlichen Geistes in ihnen wäre. Und noch dazu werden diese so gottlosen Handlungen mit frommen Titeln bemäntelt – so ebnen sie den Weg zur Ausbreitung des Reiches Christi. O welche Absonderlichkeit! Sie meinen, es sei zu wenig für die christliche Respublica gesorgt, wenn sie nicht den schönsten und glücklichsten Teil des christlichen Gebietes vernichtet haben. Kann man zu diesem Benehmen etwas anderes sagen, als daß sie die wilden Tiere sogar noch in ihrer Wildheit übertreffen? Nicht alle Tiere kämpfen, auch nicht die wilden Tiere, wenn es nicht einen Zusammenstoß mit einer anderen Art gibt; davon haben wir vorher schon gesprochen; man sollte es öfter einschärfen, damit es besser im Gedächtnis haftet. Die Viper beißt die Viper nicht, auch zerreißt der Luchs nicht den Luchs. Und wenn diese wiederum auch kämpfen, so kämpfen sie mit ihren eigenen Waffen, mit denen sie die Natur bewaffnet hat. Mit welcherlei Waffen, o unsterblicher Gott!, bewaffnet der Zorn die wehrlos geborenen Menschen? Mit Höllenmaschinen fallen Christen Christen an. Wer möchte denn glauben, daß die Kanonen eine Erfindung des Menschen seien? Und die Tiere stürmen doch nicht in dichten Marschkolonnen zum gegenseitigen Verderben. Wer sah jemals zehn Löwen zugleich mit zehn

Stieren kämpfen? Aber wie oft führten zwanzigtausend Christen gegen ebenso viele Christen einen Entscheidungskampf mit dem Schwert? So sehr gilt es zu verletzen und Bruderblut zu vergießen. Die Tiere setzen auch nur zum Kampf an, wenn sie durch Hunger oder durch Sorge um die Jungen in Erregung geraten. Welches Unrecht ist dagegen den Christen zu gering, um nicht als geeignete Kriegsgelegenheit betrachtet zu werden? Wenn das einfache Volk so handelte, könnte das irgendwie mit Unverstand bemäntelt werden. Wären es Jugendliche, könnte man es mit der Unerfahrenheit ihrer Altersstufe entschuldigen. Wären es gottlose Menschen, würden die Charaktereigenschaften den Abscheu vor der Tat etwas vermindern. Nun aber sehen wir, daß die Saat des Krieges hauptsächlich von denen stammt, für die es sich ziemen würde, einen Aufruhr des Volkes durch Rat und Lenkung zu besänftigen. Dies verachtete und ungerühmte einfache Volk dort erbaut die prächtigen Städte, verwaltet sie mit gutem Bürgersinn, mehrt mit seiner Arbeit den Reichtum. Da schleichen sich die Satrapen ein, und wie Drohnen entwenden sie, was durch fremden Fleiß geschaffen ist; und was von vielen gut errichtet wurde, wird von wenigen übel vernichtet, das rechtmäßig Erbaute wird grausam niedergerissen.

Falls man sich nun früherer Kriege nicht erinnert, vergegenwärtige sich, wer will, die im Zeitraum der letzten zwölf Jahre geführten Kriege, möge er die Ursachen prüfen, er würde erfahren, daß alle um der Fürsten willen unternommen und mit großem Unheil für das Volk geführt wurden, obwohl sie das Volk gewiß nicht das geringste angingen.

Was schon vor Zeiten bei den Heiden für schimpflich gehalten wurde, grauem Haar den Helm aufzudrücken, wie es heißt, das ruft bei den Christen Lobpreisungen hervor. Schändlich war für Ovid ein bejahrter Soldat, und für jene da ist ein siebzigjähriger Krieger eine hochgeschätzte Erscheinung. Ja, selbst die Priester schämen sich nicht einmal, die nach Gottes Willen auch einst in dem blutdürstigen und harten Gesetz Moses sich nicht mit Blut beflecken durften. Es schämen sich nicht die Theologen, die Lehrer der Christenwelt, es schämen sich nicht die Bekenner der vollkommenen Religion, es schämen sich nicht die Bischöfe, es schämen sich nicht die Kardinäle und Stellvertreter Christi, Urheber und Anstifter jener Sache zu sein, die Christus so sehr verhaßt ist. Wie verträgt sich die Mitra mit dem Helm? Wie der Hirtenstab mit dem Schwert? Wie die Evangelienbibel mit dem Schild? Wie verträgt es sich, das Volk mit dem Friedenswunsch zu grüßen und die Welt zu den heftigsten Kämpfen aufzuhetzen? Mit der Rede den Frieden zu geben, mit der Tat den Krieg anzustiften? Du lobst mit gleichem Munde, mit dem Du den Friedensstifter Christus predigst, den Krieg und verkündest mit der gleichen Trompete Gott und den Satan? Du wiegelst beim Gottesdienst, mit der Mönchskutte bekleidet, das einfache Volk, das aus Deinem Munde die Unterweisung des Evangeliums erwartete, zum Morden auf? Du, der Du den Platz der Apostel einnimmst, lehrst, was den Vorschriften der Apostel widerspricht? Fürchtest Du vielleicht nicht, daß das, was von den Boten Christi gesagt ist – »Wie schön sind die Füße derer, die Frieden verkündigen, die Gutes verkündigen, die Heil verkündigen« –, ins Gegenteil umgekehrt wird: »Wie häßlich ist die Zunge der Priester, die zum Krieg antreiben, die zum Schlechten aufwiegeln, die zum Verderben provozieren«? Bei den noch gottlos frommen Römern mußte, wer das Amt des Pontifex maximus übernahm, zugleich eidlich versichern, daß er seine Hände von allem Blut reinhalten werde und daß er sogar für eine Beleidigung gewiß nicht Rache nehmen würde. Und diesem heiligen Eid blieb Titus Vespasian, der heidnische Imperator, standhaft treu, wofür ihm von einem ebenfalls heidnischen Schriftsteller Lob gespendet wurde. Aber, o wie sieht man diese erhabene Seite völlig aus den menschlichen Taten schwinden! Bei den Christen feuern die Gott verkündenden Priester und die sich immer noch frommer als irgendwer zur Schau tragenden Mönche den Herrscher und die Stimmung des Volkes zu Mord und Verwüstung an. Die Posaune der Evangelien machen sie zur Posaune des Mars, ihrer Würde vergessend, laufen sie aufwärts und abwärts, tun und erdulden dann alles so lange, bis sie den Krieg entfacht haben. Und ausgerechnet durch die werden die Herrscher, die sonst vielleicht friedlich blieben, zum Kampf entflammt, denen es anstehen würde, mittels ihrer Autorität Aufrührer zu beschwichtigen. Ja, was noch ungeheuerlicher ist, sie führen selbst Krieg, und das um solcher Dinge willen, denen sogar die heidnischen Philosophen Verachtung zollten, und die zu verachten für apostolische Männer wesentlich und angemessen wäre.

Vor einigen Jahren, da die Welt durch eine Art von Krankheit zu den Waffen gedrängt wurde, ließen die Verkünder des Evangeliums, das heißt etliche Minoriten und Dominikaner, von der Kanzel die Kriegstrompete ertönen und feuerten die zur Raserei Geneigten obendrein noch mehr an. Bei den Briten hetzten sie gegen die Franzosen, bei den Franzosen hetzten sie gegen die Briten. Alle wiegelten sie zum Krieg auf. Zum Frieden forderte niemand auf, abgesehen von dem einen oder anderen, den es fast den Kopf kostete, mich auch nur zu nennen. Sie kreisten hier und dort herum, die hochheiligen Praesulen, und ihrer Amtswürde und ihres Gelübdes vergessend, erregten sie mit ihrem Tun eine allgemeine Weltkrankheit, dann reizten sie hier den Römischen Pontifex Julius, da die Könige zur Beförderung des Krieges, als wären die quasi von selbst nicht wahnsinnig genug, und doch umkleiden wir diesen manifesten Wahnsinn mit großartigen Titulierungen. Die Gesetze der Väter, die Schriften frommer Menschen, die Worte der Bibel werden hierzu alle aufs schamloseste, um nicht zu sagen gottlos, verdreht. Ja, die Sache ist beinahe schon so weit geraten, daß es dumm und gottlos wäre, gegen den Krieg den Mund aufzutun und das zu loben, was aus Christi Munde zuerst gelobt wurde. Als zu wenig auf das Volk bedacht, zu wenig dem Herrscher gewogen, wird einer angesehen, der zu der allheilsamen Sache rät und von der verderblichsten unter allen abrät. Nun stellen sich die Priester selbst in den Kriegslagern ein, die Bischöfe leiten das Heer, ihre Kirchen im Stich lassend, führen sie die Sache der Kriegsgöttin Bellona. Ja, der Krieg erzeugt sogar schon Priester, er erzeugt Bischöfe, er erzeugt Kardinäle, denen der Titel ›Feld-Legat‹ ehrenvoll und als würdig für die Nachfolger der Apostel erscheint. Kein Wunder, daß sich die für Mars begeistern, die Mars hervorgebracht hat. Und um das Unheil noch unheilsamer zu machen, zieren sie eine solche Gottlosigkeit mit dem Anschein der Frömmigkeit. Die Fahnen

haben das Kreuz. Ein gottloser Söldner, für ein paar Geld-
stücke zur Schlachtbank und zum Töten gedungen, trägt
das Kreuzeszeichen voran; und das ist Symbol des Krieges,
was einzig Krieg vergessen lassen könnte. Was willst Du
mit dem Kreuz, verruchter Söldner? Deine Absichten und
Taten paßten besser zu Schlangen, Tigern und Wölfen. Das
da ist das Zeichen dessen, der nicht kämpfend, sondern
sterbend siegte, der erhalten, nicht verderben will, dieses
Zeichen sollte Dich besonders daran erinnern, mit welchen
Feinden Du es zu tun hast, wenn Du nur ein Christ bist,
und auf welche Weise zu siegen sei. Du trägst das Heilszei-
chen, während Du zum Verderben des Bruders nahst, und
mit dem Kreuz vernichtest Du einen, der durch das Kreuz
errettet ist? Ja, sogar vom geheiligten, feierlichen Gottesdienst – denn auch der wurde ins Kriegslager geschleppt –,
wo die höchste Eintracht der Christen repräsentiert ist,
wird zur Schlachtfront gelaufen, wird das gräßliche Eisen in
des Bruders Eingeweide gestoßen, und bei diesem scheuß-
lichsten aller Verbrechen, das wie nichts anderes den bösen
Geistern willkommen sein kann, machen sie Christus zum
Zuschauer, falls Christus sich herbeiließe, dort zugegen zu
sein. Was schließlich von allem das Absurdeste ist, in beiden
Lagern, über jeder Schlachtfront leuchtet das Zeichen des
Kreuzes, auf beiden Seiten werden Gottesdienste durch-
geführt. Welch eine Ungeheuerlichkeit ist das! Kämpft das
Kreuz mit dem Kreuze, wird Christus gegen Christus in
den Krieg geführt? Dieses Zeichen pflegte die Feinde des
Christennamens abzuschrecken. Warum bekämpfen sie
jetzt, was sie anbeten? Menschen werden nicht durch ein
Kreuz allein würdig, sondern durch das wahre Kreuz. Ich

frage, wie betet ein Soldat in diesen Gottesdiensten das »Vater unser«? Du unverschämter Mund wagst es, ihn Vater zu nennen, der Du Deinen Bruder abzuschlachten wünschst? »Geheiliget werde Dein Name.« Wie kann der Name Gottes schlimmer entehrt werden als durch die Kriegerei zwischen Euch? »Dein Reich komme.« So betest Du, der Du mit so viel Blutvergießen Deine Tyrannei beabsichtigst? »Dein Wille geschehe, wie im Himmel also auch auf Erden.« ER will Frieden, und Du rüstest zum Krieg? Das tägliche Brot erbittest Du vom gemeinsamen Vater, der Du die brüderlichen Saatfelder verbrennst, und willst sie Dir lieber auch selber verderben, als jenem den Nutzen gönnen? Wohin sprichst Du denn jetzt mit jener Bitte? »Und vergib uns unsere Schuld, wie auch wir vergeben unseren Schuldigern«, der Du zum Brudermord eilst? Suchst Du durch Gnadenbitte die Versuchung abzuwenden, der Du mit Deinem Wagstück den Bruder in Versuchung führst? Von dem Übel erlöst zu werden begehrst Du und führst in böser Eingebung das schlimmste Übel für den Bruder im Schilde?

Platon lehnt es ab, das »Krieg« zu nennen, wenn sich Griechen gegen Griechen wenden. Das ist »Aufruhr«, sagt er. Und für jene ist es gar ein heiliger Krieg, wenn aus beliebigem Grund mit solcher Miliz und derartigen Waffen Christ mit Christ Krieg führt? In einen Sack eingenäht, in die Fluten geworfen wurde, nach heidnischen Gesetzen, wer das Schwert mit Bruderblut benetzt hatte. Sind die, welche Christus vereint hat, vielleicht weniger Brüder als die, welche die Blutsverwandtschaft verbindet? Und doch ist hier der Brudermord eine Heldentat. O erbärmliches Los der Krieger! Wer siegt, ist ein Brudermörder; wer besiegt wird und umkommt, ist nicht weniger des Brudermords schuldig, weil er den Brudermord versucht hat. Und nachher verfluchen sie die Türken als Gottlose und Unchristen, als ob sie selbst, wenn sie so handeln, wirklich Christen wären, oder als ob den Türken irgendein angenehmeres Spektakel dargeboten werden könnte als anzusehen, wie die Christen sich gegenseitig mit Geschossen durchbohren. Die Türken opfern, wie es heißt, den Dämonen, und da diesen kein Opfer annehmlicher ist, als wenn ein Christ einen Christen schlachtet, frage ich, was tust Du anderes als jene? Dann fürwahr werden die bösen Geister mit doppelter Hostie erfreut, da zugleich sowohl wer schlachtet als auch wer geschlachtet wird, ein Opfer ausmacht. Wenn es einer mit den Türken hält, wenn einer den Dämonen Freund ist, mag er derartige Hostien fleißig darbringen. Aber ich höre schon längst, wie die zu ihrem eigenen Unheil so einfallsreichen Menschen sich rechtfertigen. Sie wollen beklagt sein, daß sie gezwungenermaßen und gegen ihren Willen in den Krieg hineingezogen werden. Ziehe Deine Maske da herab, wirf die Schminken fort, Dein eigenes Herz befrage, Du wirst entdecken, daß Zorn, Ehrgeiz und Torheit hierzu führen und nicht die Notwendigkeit. Es sei denn, Du betrachtest es etwa als Notwendigkeit, kein Gelüst unbefriedigt zu lassen. Vor dem Volk magst Du Dich brüsten, Gott wird durch Verstellung nicht getäuscht. Indessen werden feierliche Bußgottesdienste abgehalten, mit großem Wehklagen wird Frieden erfleht, mit furchtbarem Geschrei wird gerufen »gib uns Frieden, wir bitten dich, erhöre uns«. Könnte Gott da nicht mit bestem Recht antworten: Was spottet ihr mein? Ihr bittet, daß ich abwehre, was ihr euch selbst willentlich herbeigerufen habt? Durch Bitten sucht ihr abzuwenden, was ihr für euch selbst beschließt? Wenn jede Beleidigung einen Krieg verursacht, wer hätte denn eigentlich nichts zu beklagen? Zwischen Ehefrau und Ehemann geschieht manches, wozu ein Auge zugedrückt werden muß, um nicht das Wohlwollen übel zu stören. Wenn nun derartiges zwischen Fürsten entsteht, warum muß man dann sofort zu den Waffen drängen? Es gibt Gesetze, es gibt gelehrte Menschen, es gibt hochachtbare Äbte und ehrwürdige Bischöfe, durch deren heilsamen Rat der Tumult-Vorfall beigelegt werden könnte. Warum machen sie diese nicht lieber zu Schiedsrichtern, welche so ungerecht nicht angetroffen werden könnten, daß nicht der Schiedspruch ein kleineres Übel wäre als der Griff nach den Waffen. Kaum kann je ein Friede so ungerecht sein, daß er nicht besser wäre als selbst der gerechteste Krieg. Erwäge vorher einzeln, was ein Krieg wohl fordert oder einbringt, und Du magst erkennen, wie weit der Gewinn ginge. Der Papst in Rom hat die höchste Autorität. Aber wenn die Völker, wenn die Herrscher in gottlose Kriegstumulte geraten, und das jahrelang, wo ist dann die Autorität des Papstes, wo die Christo nächstfolgende Herrschaft? Hier wäre sie gewiß an den Tag zu legen, würden die Päpste nicht selbst von ähnlichen Leidenschaften beherrscht. Ruft der Papst zum Krieg, wird pariert. Ruft derselbe zum Frieden, warum wird nicht ebenso Folge geleistet? Wenn sie lieber Frieden wollen, warum wurde Julius, dem Krieganstifter, so freudig gehorcht, und war kaum jemand dem zu Frieden und Eintracht rufenden Leo folgsam? Wenn die Autorität des römischen Pontifex wahrhaft hochheilig ist, sollte sie gewiß am meisten gelten, sooft er dazu aufruft, was Christus einzig lehrt. Im übrigen geben diejenigen, welche Julius zum unheilvollen Krieg antreiben konnte, da sie der ehrwürdigste Papst Leo nicht auch auf so viele Weise zu christlicher Eintracht zu provozieren vermag, deutlich zu erkennen, daß sie, die Kirche vorschützend, ihren eigenen Begierden dienen, um nicht etwas Schärferes zu sagen.

Wenn man des Krieges aufrichtig überdrüssig ist, will ich einen Rat geben, wodurch Ihr die Eintracht bewahren könnt. Echter Friede besteht nicht aus Verschwägerungen noch Bündnissen, aus welchen wir häufig Kriege entstehen sehen. Beseitigt werden müssen die Quellen selbst, aus denen das Übel da sprudelt, verkehrte Begierden erzeugen diesen Tumult. Wenn nur jeder seinen Affekten dient, wird das Gemeinwesen zugrunde gerichtet, und der einzelne erlangt damit ebenfalls nicht, wonach er in böser Absicht trachtete. Weise sollten die Herrscher sein, nämlich auf das Volk und nicht auf sich bedacht, wahrhaft weise, daß sie ihre Größe, ihr Glück, ihr Gut und ihren Glanz an den Dingen messen, die wirklich groß und hervorragend machen. Sie sollten für das Staatswohl sorgen wie ein Vater für die Familie. Dann halte sich ein König für groß, wenn er über Großgesinnte herrscht, dann für glücklich, wenn er die Seinen glücklich macht, dann für erhaben, wenn er über die freiesten Menschen gebietet, dann für reich, wenn das Volk Reichtümer besitzt, dann für blühend, wenn er durch dauernden Frieden blühende Städte hat. Und die Vorgesetzten und Amtsträger mögen diese Sinnesart des Herrschers imitieren. Alles sollten sie am Wohl des Staates messen, und auf diese Weise werden sie auch für ihr Wohl richtiger sorgen. Ein König, der so gesinnt ist, wird der wohl leicht zu bewegen sein, aus den Seinen Geld herauszupressen, um es einer barbarischen Miliz auszuzahlen? Möchte er die Seinen dem Hunger preisgeben, um ein paar gottlose Feldherren reich zu machen? Wird er etwa dies Leben der Seinigen einer so großen Gefahr preisgeben? Ich meine, nein. Möge er die Herrschaft so ausüben, daß er sich erinnert, als Mensch über Menschen zu gebieten, als Freier über Freie, endlich als Christ über Christen. Ihm wiederum möge das Volk so viel übertragen, als dem Volkswohl zuträglich ist. Nichts anderes wird ein guter Herrscher verlangen. Lasterhafte Ausschweifungen allerdings wird ein einstimmiger Beschluß der Bürger vereiteln. Mitwirken mag die Erwägung der gegenseitigen persönlichen Interessen. Die höchste Ehrung sollte denen zuteil werden, die Krieg verhindern, die mit Verstand und ihrem Rat eine Eintracht wiederherzustellen vermögen. Schließlich müßte mit allen Mitteln darauf hingearbeitet werden, nicht, daß die größte Streitmacht und Waffengewalt ausgerüstet werde, sondern daß man diese nicht nötig hätte; welche herrlichste Tat, unter so vielen Imperatoren, einzig von Diokletian geplant wurde.

Wenn nun ein Krieg nicht zu vermeiden ist, sollte er so geführt werden, daß sich das ganze Unheil auf die Köpfe derer beschränkt, die Anlässe zu Krieg geben. Jetzt aber befinden sich die Herrscher in Sicherheit, wenn sie Krieg führen, die Feldherren werden hierbei groß, der gewaltigste Anteil der Übel ergießt sich über die Bauern und das Volk, welche der Krieg nichts angeht, die selbst nicht irgendeinen Anlaß zum Krieg gegeben haben. Wo ist des Herrschers

Weisheit, wenn er dies nicht genau erwägt? Wo des Herrschers Herz, wenn er dies für unbedeutend hält? Es muß eine Lösung gefunden werden, daß die Reichsgewalten nicht so oft wechseln und gleichsam umherspazieren, weil alle Neuerung Tumult erzeugt und Tumult Krieg. Das wäre leicht zu machen, würden Königskinder innerhalb ihrer Gebietsgrenzen verheiratet werden; oder wenn es beliebt, sie mit einem Grenznachbarn zu verbinden, sei alle Erbfolge-Aussicht abgebrochen. Ein Herrscher soll nicht das Recht haben, irgendeinen Gebietsteil per Rechtsspruch zu verkaufen oder abzutreten, als wären freie Staaten quasi Privatbesitz. Denn die sind frei, denen ein König gebietet, versklavt sind die, welche ein Tyrann unterdrückt. Jetzt kommt es durch die Wechselfälle von Eheschließungen dazu, daß ein gebürtiger Spanier unvermutet die Inder regiert, oder wer eben noch über Syrien herrschte, plötzlich König von Italien ist. Und es passiert, daß keines der beiden Gebiete einen Herrscher hat, da er das erste verließ und vom letzteren nicht anerkannt wird, weil er fremd ist und für eine andersartige Welt geboren. Und währenddessen er das eine gewinnt, während er es besiegt und sichert, schröpft und mißhandelt er das andere, manchmal verliert er beide, während er trachtet, sich beide anzueignen, kaum fähig, das eine zu verwalten. Es möge einmal zwischen den Herrschern vereinbart werden, was ein jeder verwalten soll; die durch Spruchrecht einmal gegebenen Ländergrenzen dürften keine Verschwägerung ausdehnen oder einengen, keine Verträge aufbrechen. So sollte sich jeder für sein Gebiet anstrengen, es nach Möglichkeit zur schönsten Zierde zu machen. Er möge doch sein ganzes Streben auf eines richten, diesen Besitz seinen Kindern auf das beste ausgestattet zu hinterlassen. Und so wird ganz gewiß in Zukunft überall alles blühend sein. Untereinander sollten sie übrigens nicht durch Verschwägerung noch durch die übliche Bündnispolitik, sondern durch aufrichtige und lautere Freundschaft verbunden sein und durch ein vorzügliches Beispiel und gemeinsames Streben sich um die Sache der Menschheit verdient machen. Die Thronfolge möge jedoch haben, wer entweder generationsmäßig der nächste ist oder wer durch die Wahl des Volkes für geeignet befunden wurde. Den übrigen soll es genug sein, zu den angesehenen Aristokraten zu zählen. Königlich ist es, keine persönlichen Leidenschaften zu kennen und alles nach dem Staatswohl zu bewerten. Außerdem wird der Herrscher weite Auslandsreisen vermeiden, ja er möchte sogar niemals den Maueranger seines Regierungsgebietes überschreiten, eingedenk des altbewährten Spruchs »Die Stirn ist vor dem Hinterkopf«. Er wird sich für bereichert halten, nicht wenn er anderen etwas raubte, sondern wenn er das Seine in einen besseren Zustand bringen konnte. Wenn über Krieg verhandelt wird, ziehe er nicht junge Leute zu Rate, denen ein Krieg deshalb gefallen mag, weil sie noch keine Erfahrung haben, wieviel Unheil er bringt, noch ziehe er solche hinzu, denen es förderlich ist, die Staatsruhe zu stören, welche sich vom Unglück des Volkes nähren und mästen: ältere verständige und redliche Bürger hole er sich, deren Vaterlandsliebe bewährt ist. Er möge nicht ohne weiteres nach des einen oder anderen Laune Krieg in Bewegung setzen, weil ein einmal begonnener Krieg nicht leicht zu beenden ist. Die allergefährlichste Sache sollte nur mit einstimmigem

Beschluß des ganzen Volkes unternommen werden. Die Ursachen des Krieges müssen von vornherein abgeschnitten werden. Zu einigem muß ein Auge zugedrückt werden, Freundlichkeit wird zu Freundlichkeit einladen. Manchmal muß der Friede erkauft werden. Wenn Du daselbst zusammenrechnest, was ein Krieg verschlingen würde und wie viele Bürger Du vor dem Untergang bewahrst, wird der Preis gering erscheinen, auch wenn Du viel zahltest, da ja, abgesehen vom Blut Deiner Bürger, ein Krieg mehr Verlust bringen würde. Überlege, wieviel Unheil Du vermeidest, wieviel Gut Du bewahrst, und der Aufwand wird Dich nicht gereuen. Die Bischöfe sollen auch ihres Amtes walten, die Gottesdiener seien wahrhaft Gottesdiener, die Mönche werden sich ihrer Professio erinnern, die Theologen mögen lehren, was Christi würdig ist. Alle müßten sich gegen den Krieg verschwören, alle gegen ihn Gewalt schreien. Den Frieden mögen sie öffentlich und privat preisen und rühmen und einschärfen. Könnten sie dann nichts gegen die Waffengewalt erreichen, sollten sie diese wenigstens nicht billigen, daran nicht teilnehmen, und es gelte nicht als ehrenvoll, Anstifter einer entweder verbrecherischen oder gewiß doch verdächtigen Sache zu sein. Es soll genügen, den im Krieg Gefallenen ungeweiht ein Grab zu geben. Wenn sich Gute unter dieser Menschengattung befinden, die gewiß nur ganz wenige sind, werden sie nicht um ihren Lohn betrogen werden. Doch die Gottlosen, welche den großen Haufen ausmachen, werden durch die Vorenthaltung der letzten Ehrerbietung weniger mit sich zufrieden sein. Ich spreche hierbei von solchen Kriegen, welche gewöhnlich Christen mit Christen aus geringfügigen oder ungerechten Gründen beginnen. Nicht genauso denke ich freilich über diejenigen, welche mit ehrlichem und frommem Eifer den Angriff einfallender Barbaren abwehren und unter eigener Gefahr die Staatsruhe verteidigen. Nun aber werden Trophäen, gefärbt mit dem Blut derer, für deren Errettung Christus sein Blut vergossen hat, in den Kirchen zwischen den Statuen der Apostel und Märtyrer aufgestellt, als sei es demnach künftig fromm, nicht Märtyrer zu werden, sondern zu machen. Erhaben genug wäre es, solches auf dem Marktplatz oder irgendwo im Zeughaus aufzubewahren: in heiligen Gotteshäusern, welche ganz rein sein sollen, ziemt es sich, nichts aufzunehmen, was durch Blut verunreinigt ist. Aber das Altertum bewahrte in Tempeln die Siegesmonumente. Ja, aber wo den Dämonen geopfert wurde, nicht Gott.

Die Gott geweihten Priester mögen nur dort mitwirken, wo Kriege verhindert werden sollen. Wenn sie hierin einig sind, wenn sie das überall einprägen, wird diese einträchtige Autorität sehr viel Einfluß haben. Wenn dies nun eine fatale Krankheit des menschlichen Geistes ist, daß man es ohne Kriege ganz und gar nicht aushalten kann, warum läßt man dieses Übel nicht eher an den Türken aus? Obgleich es besser wäre, auch diese durch Unterweisung, Wohltaten und eine rechtschaffene Lebensweise für die Religion Christi zu gewinnen, als sich mit Waffen gegen sie zu erheben. Doch wenn Krieg, wie wir sagten, überhaupt nicht vermieden werden kann, wäre jenes sicher ein geringeres Übel, als wenn Christen unter sich so gottlos aneinandergeraten und zusammenstoßen. Wenn gegenseitige Liebe jene nicht zusammenleimt, mag doch wenigstens ein gemeinsamer Feind sie verbinden, und es würde einen wie auch immer beschaffenen Synkretismus geben, da es an wahrer Eintracht fehlt. Ein Großteil des Friedens besteht schließlich darin, den Frieden von Herzen zu wollen. Denen nämlich der Friede echt am Herzen liegt, die werden alle Friedensgelegenheiten nutzen, über Hindernisse setzen sie sich entweder hinweg oder beseitigen sie und erdulden sehr viel, damit ein so teures Gut unversehrt bleibe. Nun aber versuchen sie sich Pflanzschulen des Krieges zu verschaffen; was der Eintracht dient, mindern sie herab oder verleugnen es gar, was auf Krieg gerichtet ist, vermehren und verschlimmern sie überdies noch. Es ist beschämend zu berichten, aus wie nichtigen Anlässen sie Tragödien verursachen und aus welch kleinen Fünkchen die Stürme der Geschichte entzündet werden. Alsdann kommt jene Menge von Ungerechtigkeiten in den Sinn, und jeder macht im stillen seinen Schaden größer. Aber die Wohltaten sind einstweilen in Vergessenheit geraten, daß du schwören möchtest, man sucht Krieg. Und häufig ist es irgendeine Privatangelegenheit der Herrscher, die die Welt zu den Waffen treibt. Dagegen muß es aber ein mehr als öffentliches Anliegen sein, wofür Krieg unternommen werden mag. Ja, wo gar kein Grund vorhanden ist, ersinnen sie sich selber Gründe für ein Zerwürfnis; um dem Haß Nahrung zu geben, werden die Namen der Gebiete mißbraucht. Und die einflußreichen Größen nähren diesen Irrtum des dummen Volkes, und auch einige Priester nähren ihn, um des eigenen Vorteils willen. Der Engländer ist dem Franzosen feind, aus keinem anderen Grund, als weil er Franzose ist. Dem Schotten zürnt der Brite aus keiner anderen Ursache, als daß er ein Schotte ist. Der Deutsche ist mit dem Franzosen zerfallen, der Spanier mit den beiden. O Verrücktheit, bringt der bloße Name eines Ortes auseinander, warum mögen nicht eher so viele Dinge verbinden? Du willst als Brite dem Franzosen übel. Warum willst Du als Mensch nicht lieber dem Menschen wohl? Als Christ dem Christen? Warum kann eine unbedeutende Sache bei diesen da mehr bewirken als so viele Knüpfungen der Natur? So viele vereinigende Bande Christi? Der Raum scheidet die Körper, nicht die Geister. Es trennte einst der Rhein den Franzosen vom Deutschen, aber der Rhein trennt doch nicht den Christen vom Christen. Die Berge der Pyrenäen trennen die Spanier von den Franzosen, aber sie scheiden doch nicht die Gemeinschaft der Kirche. Das Meer scheidet die Engländer von den Franzosen, aber scheidet doch nicht die Religionsgemeinschaft. Der Apostel Paulus war entrüstet, unter den Christen solche Äußerungen zu hören: Ich bin apollisch, ich bin kephisch, ich bin paulisch, und er läßt es nicht zu, mit diesen gottlosen Beinamen den alles verbindenden Christus zu zerteilen.

Und wir erachten den Namen des gemeinsamen Vaterlandes als gewichtigen Grund, daß ein Volk das andere niedermetzeln geht? Manchen kriegslüsternen Charakteren ist das nicht einmal genug, mit krummen Machenschaften suchen sie Anlässe, Uneinigkeit zu schaffen; sie teilen sogar Frankreich und reißen mittels einer Benennung das auseinander, was weder Meere noch Berge noch die wirklichen Gebietsnamen trennen. Aus Franzosen machen sie Deutsche, damit nicht schon aus den gemeinschaftlichen Namen Freundschaft erwachse. Wenn bei widerwärtigen Gerichtsverhandlungen, bei einer Scheidung z. B., der Richter nicht jeden Streitfall ohne weiteres annimmt und nicht jeden beliebigen Beweis gelten läßt, warum lassen jene bei der allerwiderwärtigsten Sache jeden beliebigen läppischen Grund gelten? Warum mögen sie nicht lieber die Tatsache bedenken, daß diese gemeinsame Erde das Vaterland aller sei, wenn der ehrenvolle Name des Vaterlandes verbindet, daß alle von denselben Ahnen ihren Ursprung haben, wenn Blutsverwandtschaft Freunde schafft, daß die Kirche eine einzige Familie sei, allen gleichermaßen gemeinsam, wenn dasselbe Hauswesen ein enges Verhältnis knüpft; es ist sinnvoll, in dieser Hinsicht seine Überlegungen spielen zu lassen. Du tolerierst einiges beim Schwiegervater, nur weil es der Schwiegervater ist. Und nichts tolerierst Du bei dem, der ein Bruder durch die Gemeinschaft der Religion ist? Vieles vergibst Du der Verwandtschaftsbeziehung zuliebe, und nichts vergibst Du der Religionsverbundenheit zuliebe? Sicher bindet kein Band inniger zusammen als der Bund Christi. Warum wird immer bloß das vor Augen geführt, was das Gemüt erbittert? Wenn Du Frieden möchtest, denke lieber so: Hierin hat er mich verletzt, aber zu anderer Zeit hat er mir oft geholfen, oder er kränkte mich gar auf fremden Impuls hin. Schließlich wurden z. B. bei Homer die Gründe für das Zerwürfnis zwischen Agamemnon und Achill auf die Verblendungs-Göttin Ate zurückgeführt, und zwar von denen, die um Aussöhnung bemüht waren. So wurde das, was nicht entschuldbar war, manchmal dem Schicksal angerechnet oder, wenn es beliebt, einem bösen Genius, und auf diese wurde der Haß – weg von den Menschen selbst – übertragen. Warum gebrauchen sie den Verstand mehr zu ihrem Verderben als zur Erhaltung eines glücklichen Gedeihens? Warum sind sie zum Schlechten statt zum Guten umsichtig? Die ein wenig gescheiter sind, prüfen, überlegen, schauen sich um, bevor sie auch an ein privates Unternehmen herangehen. Aber mit geschlossenen Augen und kopfüber stürzen sie sich in einen Krieg, zumal sich der, wenn einmal entbrannt, nicht aufhalten läßt, ja es wird aus dem Kleinstkrieg ein großer, aus dem einzelnen mehrere, aus dem unblutigen ein blutiger, und das Schlimmste ist, dieser Sturm schädigt nicht den einen oder anderen, sondern alle Welt wird gleichzeitig darin verwikkelt. Sollte das Volk dies zu wenig überlegen, ist es gewiß die Aufgabe des Herrschers und des Adels, dies zu bedenken. Den Priestern kommt es zu, solches auf alle Art und Weise einzuprägen, den Wollenden und Nichtwollenden beizubringen. Es bleibt zuletzt doch haften, wenn es überall vernommen wird.

Arbeitest Du auf den Krieg zu? Schau zuerst hin, wie der Friede beschaffen ist und wie der Krieg, was dieser an Gutem, was jener andererseits an Unheil herbeiführt; und so magst Du überlegen, ob es zuträglich sei, den Frieden mit dem Krieg zu vertauschen. Wenn eine Sache wahrhaft bewundernswert ist, dann ein Reich, das in jeder Hinsicht aufs schönste blüht, mit gut gegründeten Städten, gut bebauten Feldern, mit bestmöglichen Gesetzen, dem angesehensten Bildungswesen, dem reinsten Sittenwandel. Bedenke bei Dir, dieses Glück muß ich mir zerstören, wenn ich Krieg führe. Dagegen, wenn Du je die Ruinen der Städte gesehen hast, die niedergerissenen Dörfer, die ausgebrannten Kirchen, die verlassenen Felder und diesen beklagenswerten Anblick, wie er ist, erlebt hast, bedenke, dies ist die Frucht des Krieges. Wenn Du es als Last empfindest, ein verbrecherisches Gesindel von Miets-Legionären in Dein Land zu führen, sie vom Unglück Deiner Bürger zu nähren, ihnen ergeben zu sein und zu schmeicheln, ja vielmehr noch Dich selbst und Deine Unversehrtheit ihrer Willkür zu überlassen: mache Dir klar, daß dies die Bedingung des Krieges sei. Wenn Du Raubüberfälle verabscheust, eben diese lehrt der Krieg, wenn Du Mordverbrechen verwünschst, eben diese werden im Krieg erlernt. Denn wird der sich scheuen, in Erregung einen umzubringen, der für ein geringes Handgeld gemietet, so viele Menschen abschlachtet? Wenn die Mißachtung der Gesetze das sicherste Verderben des Gemeinwesens bedeutet, unter Waffen schweigen die Gesetze. Wenn Du Vergewaltigung, Inzest und solcher Schändlichkeiten mehr für abscheulich hältst, der Krieg ist ein Lehrmeister all dessen. Wenn die Quelle von allem Übel die Gottlosigkeit und Mißachtung der Religion ist, gerade die wird durch die Kriegsstürme ganz und gar verschüttet. Beurteilst Du es als äußerst ungünstig für die Staatslage, wenn die Schlechtesten den meisten Einfluß haben, im Krieg haben die ärgsten Verbrecher die Oberhand. Und die Du im Frieden an den Galgen hängst, die haben im Krieg die höchsten Ämter. Wer nämlich vermag die Truppen besser durch Schleichwege zu führen als ein geübter Räuber? Wer möchte mutiger die Häuser erstürmen oder Kirchen ausplündern als ein Einbrecher oder Kirchenräuber? Wer würde beherzter gegen den Feind sein und ihm den Lebenskern mit dem Schwert durchbohren als ein Bandit oder Mörder? Wer ist ebenso tauglich, in Städten und Festungen Feuer zu legen, wie ein Brandstifter? Wer verachtet ebenso die Gefahren der Wogen und Meere wie ein lange im Beute-machen geübter Pirat? Willst Du offenkundig sehen, was für eine gottlose Sache der Krieg sei, so nimm wahr, von welchen Leuten er geführt wird. Wenn einem frommen Herrscher nichts wichtiger sein darf als die Unversehrtheit der Seinen, muß ihm der Krieg zuerst verhaßt sein. Wenn es des Herrschers Glück ist, Glückliche zu regieren, muß ihm der Friede vornehmlich am Herzen liegen. Wenn es der besondere Wunsch eines guten Herrschers ist, daß er über Edle herrsche, wird er den Krieg verfluchen müssen, aus dem die Gärhefe der Ruchlosigkeit quillt. Wenn er alles, was die Bürger besitzen, achtet, als sei es der eigene Reich-tum, würde er den Krieg auf jede Weise vermeiden, der, auch wenn er aufs günstigste ausgeht, gewiß aller Leute Vermögen aufreibt, und was durch ehrenwertes Handwerk erworben ist, muß für einige schlimme Henkersknechte ausgegeben werden.

Außerdem sollte man sich folgendes immer wieder vor Augen führen: Jedem schmeichelt sein Beweggrund und je-dem lächelt seine Hoffnung zu, obwohl der Grund oftmals am ungerechtesten ist, der dem Erzürnten am gerechtesten erscheint, und die Hoffnung trügt nicht selten. Doch denke Dir den rechtmäßigsten Grund, denke Dir den glückhaf-testen Ausgang eines Krieges, berechne alle Schäden, die ein Krieg anrichtet und den Vorteil, den ein Sieg bringen würde, und sieh, ob es so viel wert sei zu siegen. Kaum ein-mal gelingt ein Sieg ohne Blutvergießen. Schon hast Du die Deinen mit Menschenblut befleckt. Hinzu rechne den Verlust der Moral und öffentlichen Disziplin, was durch keinerlei Gewinn wieder gutzumachen ist. Du leerst Deine

Staatskassen, beraubst das Volk, belastest die Guten und treibst die Unredlichen zu Verbrechen an, aber mit Beendung des Krieges sind nicht sogleich auch die Kriegsrelikte eingeschläfert. Die Wissenschaften verlieren an Geltung und Ansehen, der Handelsverkehr wird eingeengt. Um den Feind einzuschließen, bist Du genötigt, Dich vorher leichtfertig selbst von so vielen Gebieten auszuschließen. Vor dem Krieg standen Dir alle Nachbarländer offen, denn der Friede macht durch den Warenhandel alles zum Gemeingut. Sieh, um wie vieles Du Dich gebracht hast, jetzt steht Dir kaum das offen, was Dir ganz botmäßig gehört. Wie viele Maschinen und Zelte braucht man, um ein Städtchen zu zerstören? Du mußt eine provisorische Stadt anlegen, um eine wirkliche zu zerstören, dagegen könnte mit weniger Mitteln eine andere, richtige Stadt erbaut werden. Damit der Feind eine Stadt nicht verlassen kann, schläfst Du fern der Heimat unter freiem Himmel. Es würde weniger kosten, neue Mauern zu errichten, als die erbauten mit Kriegsmaschinerie niederzureißen. Ich möchte jetzt nicht zusammenrechnen, wieviel Geld zwischen den Fingern der Eintreiber, Kassenverwalter und Führer des Heeres verschwindet, was bestimmt kein geringer Teil ist. Wenn Du alles einzeln genau kalkulierst, wirst Du finden, daß mit dem zehnten Teil der Unkosten der Friede hätte eingelöst werden können. Du glaubst jedoch, zu wenig heldenmütig zu sein, wenn Du irgendeine Beleidigung vergibst; im Gegenteil, nichts ist ein zuverlässigerer Beweis von Kleinmut und einem schwachen König als Rachenahme. Von Deiner Würde meinst Du einiges einzubüßen, wenn Du beim Verhandeln mit einem Nachbarfürsten, der vielleicht gar blutsverwandt oder verschwägert mit Dir ist, sich vielleicht sonst um Dich wohlverdient machte, ein wenig von Deinem Recht nachgibst. Aber wieviel mehr erniedrigst Du Deine Würde, wenn Du gezwungen bist, Barbaren-Kohorten und den letzten Verbrecher-Abschaum, der niemals zu sättigen ist, wiederholt mit Gold zu besänftigen, wenn Du den gemeinen Karern und Übeltätern schmeichelnd und schutzflehend Gesandte schickst, wenn Du Deinen eigenen Kopf und das Schicksal der Deinen jenen anvertraust, denen nichts wert noch heilig ist. Wenn nun der Friede irgendeine Unbilligkeit zu haben scheint, denke dann ja nicht, das ist vergeudet, sondern: für solchen Preis erkaufe ich den Frieden.

»Aber«, könnte irgendein Spitzfindiger sagen, »leicht würde ich vergeben, wenn mich die Sache nur privat anginge. Als Herrscher führe ich, ob ich will oder nicht, das Staatsgeschäft.« Schwerlich würde der einen Krieg unternehmen, der lediglich auf den Staat bedacht ist. Dagegen sehen wir die Anlässe fast aller Kriege aus solchen Dingen erwachsen, die nicht das Volk betreffen. Du willst diesen oder jenen Gebietsteil als Eigentum beanspruchen, was ist das für ein Dienst am Volk? Du willst Dich an dem rächen, der Deine Tochter zurückgewiesen hat, was hat das mit dem Staatswohl zu tun? Dies zu erwägen, dies zu erkennen, steht dem wahrhaft weisen und wahrhaft großen Fürsten an. Wer herrschte jemals großzügiger und glänzender als Octavius Augustus? Aber doch wünschte er sogar seine Herrschaft niederzulegen, wenn er einen für den Staat vorteilhafteren Prinzeps ausfindig gemacht hätte. Mit Recht wird von berühmten Historikern die Äußerung jenes anderen Herrschers gelobt: »Meine Söhne mögen umkommen«, heißt es, »wenn irgendwer anders besser für den Staat sorgen könnte.« Einen solchen Geist für das Staatswohl bewiesen Menschen, die bezogen auf die Religion Christi gottlos waren; und christliche Herrscher sehen das christliche Volk stets für so wertlos an, daß sie mit dem heftigsten Weltenbrand ihre persönlichen Leidenschaften rächen und sättigen möchten? Schon höre ich freilich gewisse Leute Ausflüchte suchen, die behaupten, für ihre Sicherheit wäre nicht genug gesorgt, wenn sie nicht die Gewalt der Boshaften energisch abwehren würden. Warum sind dann unter den zahllosen römischen Imperatoren einzig die Antonine, Pius und der Philosoph nicht angegriffen worden? Doch nur, weil niemand sicherer regiert, als wer bereit ist, auch sein Amt niederzulegen, weil es ihm ja um die Respublica und nicht um seine Person geht. Wenn Euch vollends nichts zu bewegen vermag, weder die natürliche Empfindung noch ein Pflichtgefühl noch ein so großes Unheil, sollte doch gewiß der Schimpf für den christlichen Namen Eure Geister zur Eintracht bringen. Der wievielte Teil der Erde wird von Christen bewohnt? Das ist doch die besagte Stadt, die erhaben auf dem Berge liegt, geschaffen als Anblick für Gott und die Menschen. Was muß man annehmen, daß die Gegner des christlichen Namens empfinden und sagen, welche Schmähworte sie auf Christus schütten, wo sie die Christen so untereinander kämpfen sehen, aus geringfügigeren Anlässen als die Heiden, grausamer als die Gottlosen, mit abscheulicheren Kriegswerkzeugen als ihren eigenen? Wessen Erfindung sind die Kanonen? Etwa nicht die der Christen? Und damit die Sache noch schändlicher sei, werden diese mit den Namen der Apostel versehen und Heiligenbilder eingraviert. O grausiger Hohn! Wendete Paulus, dieser beständige Friedensmahner, eine Höllenmaschine gegen einen Christen? Wünschen wir die Türken zur Religion Christi zu bewegen, laßt uns zuerst selbst Christen sein. Niemals würden sie den Glauben annehmen, wenn sie sehen, daß nirgends mehr gewütet wird als bei den Christen; es ist das, was Christus vor allem so sehr verfluchte. Und was einen Heiden wie Homer bei Heidenmenschen höchst verwunderte, daß man selbst der angenehmen Dinge wie Schlafen, Speisen, Trinken, Tanzen und Musizieren überdrüssig würde, am unheilvollen Kriege aber keinen Überdruß fände: das trifft viel wahrer noch auf *die* zu, denen selbst schon das Wort Krieg verabscheuenswert sein müßte. Das furiose Rom, jene ehemalige Kriegsmacht, sah doch seinen Janustempel mehrmals geschlossen. Wie ziemt es sich, daß es bei Euren Kämpfen keine Ruhe gibt? Mit welchem Gesicht werdet Ihr ihnen Christus, den Friedensstifter, preisen, die Ihr selbst unter Euch durch fortlaufende Auseinandersetzungen Unruhe stiftet? Warum mißgönnt Ihr einander die Annehmlichkeit des gegenwärtigen Lebens und wollt Ihr auch das zukünftige Glück zerstören? Das Leben der Sterblichen ist von sich aus vielen Übeln ausgesetzt, einen Großteil der Beschwerden wird die Eintracht abnehmen, sofern nur einer dem andern hilfreich Trost und Unterstützung gibt. Wenn einem etwas Gutes zuteil wird, macht es die Eintracht doppelt so angenehm, sofern der Freund dem Freunde Teilnahme gewährt und der Wohlwollende dem Wohlwollenden Glück wünscht. Wie armselig und wie bald vergänglich ist das, wofür unter Euch

Tumult ist. Der Tod steht allen bevor, den Königen nicht minder als den Bürgern. Welchen Tumult setzt ein Würmlein in Bewegung, das bald wie ein Rauch vergehen wird? Am Tor erscheint die Ewigkeit. Wie geht es an, sich für jene Schattendinge dort so abzumühen, als ob dieses Leben unvergänglich sei? O die Elenden, die nicht an jenes glückliche Leben der Seligen glauben noch darauf hoffen! Die Schamlosen, die sich versprechen, aus den Kriegen führe ein Weg dorthin, obwohl jenes doch nichts anderes ist als die ganz unbeschreibliche Gemeinschaft glücklicher Seelen, wo es wirklich vollkommen erreicht ist, worum Christus so inständig seinen himmlischen Vater gebeten hatte, daß sie so untereinander verbunden werden möchten, wie er selbst mit dem Vater verbunden ist. Wie könnt Ihr zu dieser höchsten Einigkeit geeignet sein, wenn Ihr Euch nicht inzwischen nach Kräften darauf vorbereitet? Wie nicht plötzlich aus einem gemeinen Prasser ein Engel wird, so auch nicht plötzlich aus einem blutdürstigen Krieger ein Gefährte der Märtyrer und Jungfrauen. Ach, genug schon und übergenug ist Christenblut vergossen worden, wenn Menschenblut zu wenig gilt, genug getobt zum gegenseitigen Verderben, genug bis jetzt den Furien und dem Orkus geopfert, lange genug wird das Drama zur Augenweide der Türken aufgeführt. Kommt endlich einmal zu Verstand, nachdem Ihr allzulange das Elend der Kriege ertragen habt. Was bis jetzt an Wahnsinn getrieben wurde, möge dem Schicksal zur Last gelegt werden; die Christen sollten beschließen, was einst Ungetaufte beschlossen haben: eine Amnestie der früheren Übeltaten.

Von nun an widmet Euch in gemeinsamen Konzilien dem

Studium des Friedens, und laßt ihn Euch so angelegen sein, daß er nicht durch Werg, sondern durch stahlfeste, nie zerreißbare Bande zusammengehalten werde.

An Euch appelliere ich, Ihr Herrscher, von deren Befehl hauptsächlich das Menschengeschick abhängt, die Ihr Sinnbild der Herrschaft Christi unter den Menschen darstellt, besinnt Euch auf den Ruf Eures Königs zum Frieden, glaubt, wie die ganze Welt, durch das lange Unheil erschöpft, Euch darum anfleht. Wenn jemand noch gegen wen Groll trägt, ist es recht, dies für das gemeinsame Glück aller zu vergeben. Zu groß ist die Sache, als daß man sie aus geringfügigen Gründen verzögern dürfte. Ich appelliere an Euch, Ihr Gott geweihten Priester, gebt mit allem Eifer das wieder, wovon Ihr wißt, daß es Gott am willkommensten ist, wehrt das ab, was ihm am meisten verhaßt ist. Ich appelliere an Euch, Ihr Theologen, predigt das Evangelium des Friedens, laßt Eure Stimme hierzu immer vor den Ohren des Volkes hören. Ich appelliere an Euch, Ihr Bischöfe und sonstigen kirchlichen Würdenträger, daß Eure Autorität Einfluß habe, den Frieden mit unvergänglichen Banden zu befestigen. Ich appelliere an Euch, Ihr Führungsschichten und Magistratsherren, daß Eure Gesinnung ein Beistand sei für die Weisheit des Regenten und die Pflichttreue der Priester. An Euch appelliere ich insgesamt, die Ihr den christlichen Namen bekennt, verschwört Euch darin mit einhelligem Sinn. Laßt nunmehr sehen, wieviel die Einigkeit der Menge gegen Tyrannenmacht vermag. Hierzu sollten alle in gleicher Weise all ihre Vorschläge einbringen. Es möge die, welche die Natur durch so viele Dinge zusammenführt, noch mehr Christus zu fortwährender Eintracht verbinden. Durch gemeinsames Bemühen mögen alle vorantreiben, was allen gleichermaßen zum Segen dient.

Dazu fordert alles auf, zuerst unmittelbar das natürliche Empfinden, und auch, wie ich es nennen möchte, die Humanität. Alsdann der Fürst und Gründer allen menschlichen Glücks: Christus. Außerdem so viele Annehmlichkeiten des Friedens, das so große Unheil des Krieges. Es ruft hierzu auch der Sinn der Fürsten, die jetzt, wie unter Anhauch göttlichen Geistes, zur Eintracht geneigt sind. Da ist der Frieden stiftende und sanfte Leo, der allen die Fahne vorantrug, indem er zum Frieden aufforderte und wie ein rechter Stellvertreter Christi handelte. Wenn Ihr aufrichtig seine Schafe seid, folgt dem Hirten. Wenn seine Kinder, hört auf den Vater. Es ruft der nicht nur dem Titel nach allerchristlichste Franzosen-König Franz, der weder Umstände scheut, den Frieden zu erkaufen, noch auf seine Majestäts-Würde Rücksicht nimmt, sondern nur auf den öffentlichen Frieden bedacht ist, und damit lehrt, daß es wahrhaft edel und königlich sei, sich um die Sache der Menschheit aufs beste verdient zu machen. Es ruft hierzu der glänzende Fürst Karl, ein Jüngling von unverdorbener Natur. Weder Kaiser Maximilian widerspricht noch lehnt der bekannte englische König Heinrich ab. Dem Beispiel so bedeutender Fürsten sollten die übrigen willig folgen. Vom größten Teil des Volkes wird der Krieg verflucht, man betet um Frieden. Einige wenige nur, deren gottloses Glück vom allgemeinen Unglück abhängt, wünschen den Krieg. Beurteilt selbst, ob es recht und billig sei oder nicht, daß deren Unredlichkeit mehr gilt als der Wille aller Guten. Ihr seht, bis jetzt ist nichts durch Bündnisse zustande gebracht, nichts durch Verschwägerung gefördert, nichts durch Gewalt, nichts durch Rachenahme. Stellt nun dagegen auf die Probe, was Versöhnlichkeit und Wohltätigkeit vermögen. Krieg wird aus Krieg gesät, Rache verursacht wieder Rache. Nun möge Gnade Gnade gewinnen, Wohltat zu Wohltat einladen, und der möge als der Königlichste angesehen werden, welcher von seinen Rechtsansprüchen am meisten wird nachgelassen haben. Menschliches Mühen allein hat keinen Erfolg; aber Christus selbst wird die frommen Beschlüsse segnen, von denen er sieht, daß sie nach seinem Rat und Willen gefaßt sind. Er wird denen zur Rechten stehen und seinen Geist und Schutz verleihen, die das fördern, woran ihm selbst am meisten lag, das allgemeine Wohl sollte über die persönlichen Affekte siegen. Freilich, sofern man nur darauf bedacht ist, würde einem jeden auch sein Glück besser erhalten bleiben. Für die Fürsten wird es eine ehrwürdigere Herrschaft sein, wenn sie über fromme und glückliche Menschen gebieten, sobald sie mehr durch Gesetze als durch Waffen regieren, die Aristokraten werden ein größeres und rechtmäßigeres Ansehen genießen, die Priester mehr stille Mußezeit, dem Volk wird eine gedeihlichere Ruhe zuteil und Überfluß in Frieden: Der christliche Name wird den Feinden des Kreuzes mehr Ehrfurcht einflößen. Endlich wird der einzelne dem einzelnen und alle werden allen zugleich lieb und wert sein und vor allem Christus willkommen sein, dem zu gefallen das höchste Glück ist.

Ich habe gesprochen.

Literaturverzeichnis

Werkausgaben

Desiderii Erasmi Roterodami Opera Omnia, ed. *J. Clericus,* ›Querela Pacis‹ in Bd. IV, Spalte 625–642, Leiden 1703–1706, Reprint: London/Hildesheim 1962

Opera Omnia *Desiderii Erasmi Roterodami,* neue kritische Ausgabe ›Querela Pacis‹ in Bd. IV, 2, ed. *O. Herding,* Amsterdam/ Oxford 1977
Z.: 5, Z.: 14–15 (Ü. d. V.)

Erasmus von Rotterdam Klage des Friedens, Unter Beigabe einer geschichtlichen Einleitung, übers. v. *Rudolf Liechtenhan,* Bern/Leipzig 1934
Z.: 2, 3, 17, 22
(Im Zitat 17 wurde zweimal ›er‹ zu ›Erasmus‹ ergänzt)

Erasmus von Rotterdam, Ausgewählte Schriften, Lat./Dt., hrsg. v. *Werner Welzig,* 8 Bde., Darmstadt 1967 ff.
Im 3. Bd. ›Vorreden zum Neuen Testament‹, übers. v. *Gerhard B. Winkler*
Im 5. Bd. u. a. ›Die Klage des Friedens‹, übers. v. *Gertraud Christian*
Im 7. Bd. u. a. ›Der Ciceronianer‹, übers. v. *Theresia Payr*
Z.: 21 (Bd. 3, S. 477), Z.: 23 (Bd. 7, S. 137)

Erasmus von Rotterdam, Querela Pacis, Basel, Joh. Froben, 1517, Faksimile-Ausgabe mit einem Nachwort von *Ferdinand Geldner* (in: Quellen zur Geschichte des Humanismus und der Reformation in Faksimile-Ausgaben, Bd. 1, Hrsg. *Bernhardt Wendt*), Johann Froben Verlag, München o. J. (1961)

Erasmus von Rotterdam, Ein Klag des Frydens, durch *Leo Jud* vertütscht, Zürich 1521, Faksimile-Ausgabe, Zürich 1969

Erasmus von Rotterdam, Briefe, verdeutscht u. hrsg. v. *Walther Köhler* (Sammlung Dieterich, Bd. 2), Leipzig 1938
Z.: 1, 6, 7, 8, 10, 12, 13
Erasmi Epistolae, ed. *P. S. u. H. M. Allen,* 12 Bde., Oxford 1906–1958
Z.: 9 (Ü. d. V.), s. Bd. IV, Brief 1211
Z.: 24 (Ü. d. V.), s. Bd. III, Brief 714

Erasmus-Biographien

Roland H. Bainton: Erasmus, Reformer zwischen den Fronten (aus dem Amerikanischen v. *Elisabeth Langerbeck*), Göttingen 1972
Z.: 24 (s 231 f.)
Willehad Paul Eckert: Erasmus von Rotterdam, Werk und Wirkung, 2 Bde., Köln 1967
George Faludy: Erasmus von Rotterdam (aus dem Englischen v. *Walter Seib u. Waltraut Engel*), Frankfurt a. M. 1973
Anton J. Gail: Erasmus, rowohlts monographien, Reinbek bei Hamburg 1974
Johan Huizinga: Europäischer Humanismus: Erasmus (aus dem Niederländischen v. *Werner Kaegi*), rowohlts deutsche enzyklopädie, Hamburg 1958
Z.: 4 (S. 135 f. u. Melanchthon, Opera, Corpus Reformatorum XII, 266)
Stefan Zweig: Triumph und Tragik des Erasmus von Rotterdam, Neuausgabe Frankfurt a. M. 1981
Z.: 19 (S. 9, 11, 21, 101)

Sonstige Literatur

Roland H. Bainton: The Querela Pacis of Erasmus, Classical and Christian Sources (in: Archiv f. Reformationsgeschichte, Vol. 42, Nr. 1/2 S. 32–48), Gütersloh 1951

Lothar Brock, Volker Hornung, Gernot Jochheim: Thema Frieden (Begleitmaterial zum Schulfernsehen), Berlin 1973
S. 13: ›Friedensbegriff‹

Friedrich Gontard: Die Päpste und die Konzilien, Wien/München/Basel 1963

Ed. Heyck: Kaiser Maximilian I. (Monographien zur Weltgeschichte V), Bielefeld/Leipzig 1898
Z.: 11 (S. 35)

Karl Kaiser: Friedensforschung in der Bundesrepublik 1970, Göttingen 1970
S. 31: ›Friedensbegriff‹

Martin Luther: Ob Kriegsleute auch in seligem Stande sein können, 1526
Z.: 16

P. Naso Ovid: Fasti I, 711 f., Heidelberg 1957
Z.: 20 (Ü. d. V.)

George Rowley: Ambrogio Lorenzetti, 2 Bde., Princeton 1958

Hermann Simon: Geschichte der Deutschen Nation, Mainz 1968
S. 231: Paul Grotowsky: ›Sankt Michael‹
Z.: 18

Heinrich Ulmann: Kaiser Maximilian I. (auf urkundlicher Grundlage dargestellt) Bd. II. 1891, Nachdruck: Wien 1967

Carlo Volpe: Die schönsten Bilder der Welt, Bd. 2, Gütersloh 1962

Nur wesentliche Zitate, deren Quellenangabe im Text unvollständig blieb, wurden mit einer Signatur versehen und im Literaturverzeichnis zusätzlich vermerkt. Dabei wurden die folgenden Abkürzungen verwendet:
Z. = Nummer des Zitats und Ü. d. V. = Übersetzung der Verfasserin

Erasmus von Rotterdam
Das Lob der Narrheit

Mit vielen Kupfern nach
Illustrationen von Hans Holbein und einem
Nachwort von Stefan Zweig

Das Lob der Narrheit gilt als Meisterwerk zeitlosen Humors und feiner Ironie. Erasmus widmete es seinem Freund Thomas Morus.

»Heutzutage, da ein atomarer Völkermord und -selbstmord die gesamte Menschheit und die gesamte von Menschen hervorgebrachte Kultur mit all ihren Werten zerstören könnte, ist des Erasmus Friedensliebe aktueller denn je. Sein Realitätssinn, die Klugheit, mit der er zeitgenössische Herrschafts- und Machtstrukturen durchschaute, die Zähigkeit, mit der er Intellekt und Phantasie subversiv ins Spiel brachte, um Frieden, Toleranz, die Unversehrtheit der Individuen und Mitmenschlichkeit trotz aller Widerstände vielleicht doch zu ermöglichen, die List, mit der er sich seine individuelle Freiheit zu wahren wußte, seine Abneigung gegen jeden Dogmatismus, der abgründige Humor, mit dem er jeden angeblich privilegierten Zugang zur Wahrheit ad absurdum führte, sind auch heute noch nachahmenswert.« *Neue Zürcher Zeitung*

»Niemand war illusionsloser als sie, die hoffnungsfrohen Aufklärer, ob Freud oder Xenophanes, Diderot oder Erasmus, und gerade deshalb schrieben sie gegen die Dummheit, den Krieg, gegen den Barbarismus.« *Benedikt Erenz/Die Zeit, Hamburg*

»Erasmus hat sein geistiges Kleinod, seinen Menschheitsglauben, unversehrt heimgebracht aus dem furchtbaren Haßorkan seiner Zeit, und an diesem kleinen glimmenden Docht konnten Spinoza, Lessing und Voltaire und können alle künftigen Europäer ihre Leuchte entzünden.« *Stefan Zweig*

Michel de Montaigne
im Diogenes Verlag

»Nur zwölf Generationen trennen uns von diesem gesunden Einzelexemplar zwischen den Zeiten. Nur? Wenn es um Liebe und Eifersucht, um Schmerzen und Angst, Selbsterkenntnis und selbst gelegte Fallen im Alltag geht, ist Michel de Montaigne Zeitgenosse.«
Mathias Greffrath

»Daß ein solcher Mensch geschrieben hat, dadurch ist wahrlich die Lust, auf dieser Erde zu leben, vermehrt worden.« *Friedrich Nietzsche*

Essais
nebst des Verfassers Leben nach der Ausgabe
von Pierre Coste, aus dem Französischen
übersetzt von Johann Daniel Tietz.
Mit Personen- und Sachregister sowie einem Nachwort
zu dieser Ausgabe von Winfried Stephan.
3 Bände im Schuber oder in Kassette

Essais
Eine Auswahl. Vorgestellt von André Gide.
Deutsch und mit einem Nachwort von Hanno Helbling

Um recht zu leben
Aus den Essais. Deutsch von Hanno Helbling.
Mit einem Nachwort von Egon Friedell

Über Montaigne
Aufsätze und Zeugnisse von Blaise Pascal bis Elias Canetti.
Herausgegeben von Daniel Keel.
Deutsch von Irene Holicki und Linde Birk.
Mit Chronik und Bibliographie

Michel de Montaigne
Eine Biographie von Wilhelm Weigand

Matthias Greffrath
Montaigne heute
Leben in Zwischenzeiten

Voltaire
im Diogenes Verlag

»Er besaß die Zärtlichkeit einer Frau und den Zorn eines Helden. Er war ein großer Geist und ein ungeheures Herz.« *Victor Hugo*

»Voltaire wird immer betrachtet werden als der größte Name der Literatur der neueren Zeit und vielleicht aller Jahrhunderte; wie die erstaunenswerteste Schöpfung der Natur.« *Johann Wolfgang Goethe*

»Einer der größten Befreier des Geistes.«
Friedrich Nietzsche

Gedanken regieren die Welt
Eine Auswahl aus dem Gesamtwerk
Herausgegeben und mit einem Vorwort
von Wolfgang Kraus

Candide oder Der Optimismus
Aus dem Französischen
von Stephan Hermlin
Mit einem Nachwort von Ingrid Peter

Briefe aus England
Herausgegeben, übersetzt und
mit einem Nachwort von Rudolf von Bitter

Albert Einstein/Sigmund Freud
Warum Krieg?

Ein Briefwechsel
Mit einem Essay von
Isaac Asimov

Heute aktueller denn je: dieser Briefwechsel gehört zu den grundlegenden Texten des Pazifismus im 20. Jahrhundert.

»Was ich sonst mache oder sage, kann die Struktur des Universums nicht ändern. Aber vielleicht kann meine Stimme der größten Sache dienen: Eintracht unter den Menschen und Friede auf Erden.« *Albert Einstein*

»Alles, was Gefühlsbindungen unter den Menschen herstellt, muß dem Krieg entgegenwirken. Diese Bindungen können von zweierlei Art sein. Erstens Beziehungen wie zu einem Liebesobjekt, wenn auch ohne sexuelle Ziele. Die Religion sagt dasselbe: Liebe deinen Nächsten wie dich selbst. Das ist nun leicht gefordert, aber schwer zu erfüllen. Die andere Art von Gefühlsbindung ist die durch Identifizierung. Alles was bedeutsame Gemeinsamkeiten unter den Menschen herstellt, ruft solche Gemeingefühle, Identifizierungen, hervor. Auf ihnen ruht zum guten Teil der Aufbau der menschlichen Gesellschaft.« *Sigmund Freud*

»Die Welt ist zu klein für jenen Patriotismus, der zu Kriegen führt. Patriotismus ist nicht einmal mehr in Friedenszeiten nützlich. Die Probleme unserer Welt sind planetarisch. Keine Nation ist ihnen allein gewachsen.« *Isaac Asimov*

»Wir brauchen eine Friedensforschung. Die Ursachen der Konflikte unter den Völkern sind weniger erforscht als die Gesetze der Ordnung im Atom.« *Gustav Heinemann*

Alfred Andersch
Die Kirschen der Freiheit
Ein Bericht

»Wenn es überhaupt noch so etwas wie ein literarisches Leben in Deutschland gibt, dann muß Anderschs Buch Furore machen. Die Stärke des Buches, das eine seltene, ja neuartige Mischung von autobiographischem Bericht, ätzender Zeitkritik und existentialistischer Freiheitsmeditation darstellt, ist die beinahe anmaßende Beschränkung auf das ›Ego‹. Nur in dieser bewußten Egozentrik ist jene rücksichtslose Offenheit vorstellbar und glaubhaft. Man müßte eigentlich an Hand dieses Berichts einen neuen Ausdruck für eine neue Gattung der Literatur finden.«
Der Spiegel, Hamburg

»Anderschs Buch ist für jeden eine Wohltat, der nach 1933 das Denken nicht vergaß.« *Heinrich Böll*

»Die Geschichte einer Desertion. – Es darf behauptet werden, daß dieser Bericht die wesentlichste menschliche Aussage ist, die Krieg und Vorkrieg in Deutschland gezeitigt haben: der souveräne Mensch im Kreuzfeuer gesellschaftlicher Zwänge, unter deren Kettenreaktionen wir anscheinend fortgesetzt leiden sollen.« *Hans Georg Brenner*

»Eines der wichtigsten und ehrlichsten Bücher der jungen deutschen Nachkriegsliteratur.«
Neue Zürcher Zeitung

Friedrich Dürrenmatt
Philosophie und Naturwissenschaft
Essays, Gedichte und Reden

»Mutig denunziert er die eindimensionale, auf carte-
sianischer Denksystematik beruhende, moderne Ideo-
logie und verschreibt sich der Literatur des Paradox,
die ihn in die Nähe eines Platon, der mittelalterlichen
Mystiker, eines Erasmus, eines Montaigne, eines Swift,
eines Shakespeare und auch des genialen Blaise Pascal
bringt.« *Amédée A. Scholl*

»Dürrenmatt scheint mir ein äußerst wichtiger Herold
für die Zukunft zu sein, ja, ich vermute, daß man
Dürrenmatt einst als den wichtigsten Schriftsteller betrachten wird, der gegenwärtig auf dem europäischen
Kontinent tätig ist. Dürrenmatt hat einen Ausweg aus
der Sackgasse Sartres und Camus' gefunden. Er be-
nutzt alle traditionellen Analysen des Existentialis-
mus, die Konzepte von nicht-authentischer Existenz,
menschlicher Selbsttäuschung usw., jedoch mit einem
instinktiven, mystischen Optimismus.«
Colin Wilson

»In seinem wichtigen Aufsatz *Über Toleranz* plädiert
Dürrenmatt, dieser höchst paradoxe Autor, der früher
so kompromißlos den Zusammenbruch der humani-
stischen Ideale aufgezeigt hat, plädiert Dürrenmatt
also für eine neue Aufklärung, indem er Hegel, Marx,
Lenin und Mao das Denken von Lessing, Kant und
Kierkegaard entgegensetzt.«
Michael Butler/The Times Literary Supplement

Friedrich Dürrenmatt

Zusammenhänge
Essay über Israel
Eine Konzeption

Nachgedanken
unter anderem über Freiheit, Gleichheit und Brüderlichkeit in Judentum, Christentum, Islam und Marxismus und über zwei alte Mythen

»Ein Israel-Buch, wie man noch keines sah und kaum je wieder sehen wird. Ein überaus gedankenreiches Werk, dessen Reichweite von der Reportage über die Dichtung, die Geschichts- und Religionswissenschaft bis zur Philosopie, stellenweise sogar bis zu Physik und Kosmologie hin langt. Buch eines radikalen Aufklärers, der gleichwohl eine eigentümliche Beziehung zur Transzendenz pflegt. Eines Philosophen, der bei aller Geschichts-Skepsis geschichtlich zu denken versteht. Eines Dramatikers, der hier in seiner Prosa sich als Lyriker hohen Ranges bekräftigt. Ein Bekenntnis zu Israel, das den ›Bruder‹ der Israeli, den Palästinenser, heraufbeschwört. Buch eines Sprachphilosophen, der jenseits der Sprache die ungewissen Konturen der Realität erschaut.« *Jean Améry / Frankfurter Rundschau*

»Dies ist keine Gelegenheitsarbeit eines bedeutenden Schriftstellers. Alle Grundthemen des Dramatikers, Erzählers und Dramaturgen werden mitverarbeitet. Dieser Essay gehört ebenso zum ganzen Dürrenmatt, wie die ›Betrachtungen eines Unpolitischen‹ den ganzen Thomas Mann repräsentiert hatten und Sartres ›Betrachtungen zur Judenfrage‹ den ganzen Sartre. Dürrenmatts Versuch endet, wie bei Lessing, als Parabel im Märchenton: als Versöhnung des Abu Chanifa und des Anan Ben David, weil ›beider Eigentum… die Freiheit des einen und die Freiheit des anderen ist‹. Allein: diese Freiheit ist, in Dürrenmatts Parabel, die Freiheit im gemeinsamen Kerker.« *Die Zeit, Hamburg*

Leon de Winter
Hoffmans Hunger

Roman. Aus dem Niederländischen
von Sibylle Mulot

In der Nacht vom 21. Juni 1989 liegt Freddy Mancini,
ein unmäßig fetter amerikanischer Waschsalon-Besit-
zer, neben seiner Frau im Bett eines Prager Hotels.
Ihn quält der Hunger, und er schleicht sich aus dem
Hotel. Dabei wird er Zeuge einer Entführung.
Zur selben Zeit sitzt der niederländische Botschafter in
Prag, Felix Hoffman, in seiner Botschaft und schlingt
die Reste eines Empfangs in sich hinein. Er liest dabei
Spinoza. Auch Hoffman hat Hunger, metaphysischen
Hunger, vor allem seit seine beiden Töchter auf tragi-
sche Weise starben. Seither ist er schlaflos. Sein einziger Trost – essen. Ein dritter unglücklicher Mann:
John Marks, Amerikaner und Ostblockspezialist.
Die Schicksale der drei Männer werden durch eine
spannende Liebes- und Spionagegeschichte miteinander verwoben. Zugleich ist *Hoffmans Hunger* die Geschichte von Europa 1989, das sich eint und berauscht
im Konsum. Ein Rausch, der nur in einem Kater
enden kann.

»Ein Buch, das unter der Tarnkappe einer Spionage-
Geschichte das Kunststück zuwege bringt, über das
Verhängnis der Liebe und die Tragik des Todes, über
die Ohnmacht der Philosophie und die Illusionen der
Politik so ergreifend zu erzählen, wie man es lange
nicht mehr gelesen hat.«
Peter Praschl/stern, Hamburg

»Leon de Winter erzählt Hoffmans Geschichte meisterlich schlicht in der dritten Person, dialogreich,
eben noch geruhsam, dann mit schnellen Schritten
und Schnitten. Er erzählt diskret und intim zugleich.
Und auch ungeheuer komisch.«
Volker Hage/Der Spiegel, Hamburg